反欲望の時代へ

大震災の惨禍を越えて

山折哲雄×赤坂憲雄

目次

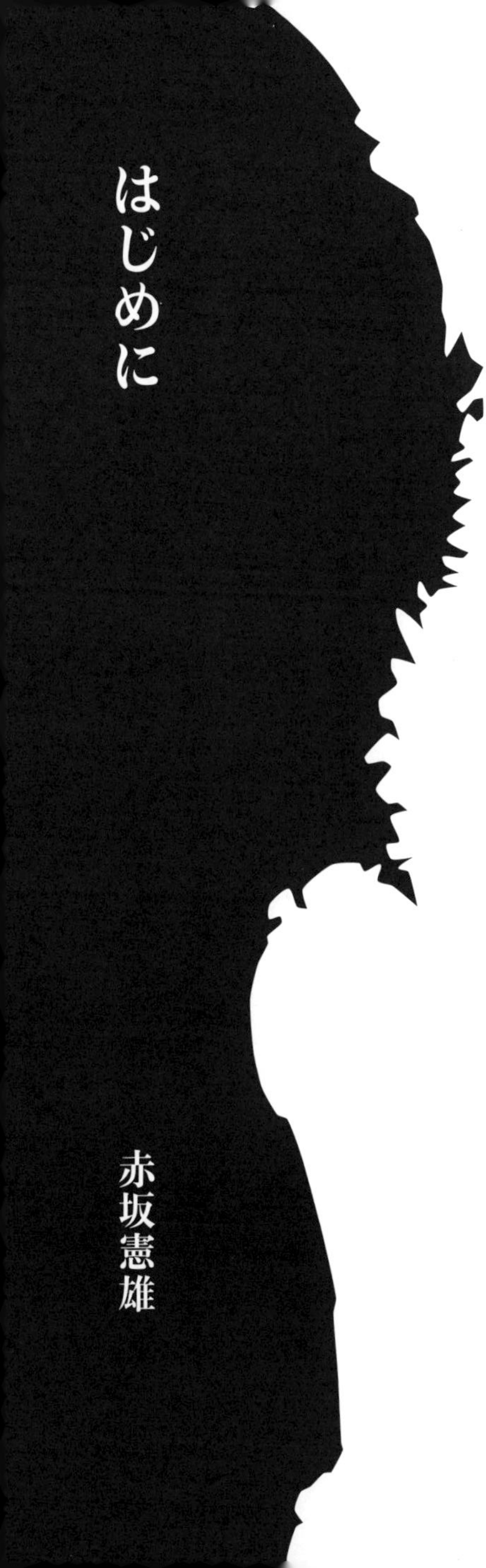

はじめに

赤坂憲雄

山折哲雄さんと京都で対談したのは四月二十八日のことだった。地震に、津波に、原発事故に立ち向かうべきときに、山折さんがなにを考えているのかを知りたくて京都にお邪魔した、そんな対談だったような気がする。

以来、三か月余り、私は福島県立博物館館長として、遠野市立遠野文化研究センター所長として、そして東日本大震災復興構想会議委員として、東北の被災地をひたすら歩き、考える日々を続けてきた。東北は十九年にわたって「東北学」の拠点としてきた地である。とりわけ福島は私の父祖の地でもある。友人が、仲間がいる。悲劇は、私にとってもとより対岸の火事ではない。

東北は、いま、鎮魂の夏を迎えている。二万人の初盆である。被災地では、犠牲者に手向ける花が、鎮魂の風景が、いたるところに絶えない。

福島県南相馬市の海岸を歩いた。徹底的に津波に舐めつくされ、瓦礫と泥の海となっていた海岸地帯に、夏を迎えて緑の雑草が生い茂っていた。茶色の荒野が緑に埋まり、ところどころに瓦礫が顔をのぞかせて、自然の猛々しさをも感じさせる異様な光景が広がっていた。このようにして、悲劇は人間の眼に見えないものになっていくのだなと思った。

土台を残して根こそぎ消えた家の跡に、新しい高燈籠がぽつんと立てられていた。死者の魂が、荒野と化した町で道を見失わないように。死者のために還るべき家のありかを指し示している。賽の河原のような風景のなかで、いまだ遺体の見つからない子どもを捜し続ける父親がいた。

海岸に、人影があった。十数人はいただろうか。どうやら、車を連ねて親戚みなでここにやって来た、あるいはここに暮らしていた人たちが打ち揃ってやって来たようだった。砂浜に立ちすくみ、みなで海の向こうを見つめていた。海に花を手向けていた。声は聞こえなかったが、口々になにかを語りかけているようだった。おそらくはいまだ行方が不明のままの犠牲者の魂に、みずからの思いのたけを寄せる人たちを、じっと眺めているしかなかった。

いたるところに手向けられている花束が、泥の海が消えてしまってもここでなにが起きたのか忘れはしない、忘れさせはしない、そんな悲しみと怒りの表出に見えた。対談で山折さんが繰り返し語っていた、死者の魂の行方の意味を思った。胸を衝かれた。

たとえば、メディアの言葉はここに届いているか。復興の空念仏ばかりが空虚に響いてはいないか。東京からは決して見えない悲劇が、現在も進行している。いや、これからなにが起こるのか。悲劇はまだはじまったばかりなのではないか。

とりわけ原発被災地の現状には怒りを覚える。葬送の浜辺でなにが起きているのか。捜索さえされずに放置されている遺体がいまだにあの海辺には眠っている。忘れるわけにはいかない。魂はどこへ行くのか。反時代的な問いかけに思えるかもしれない。だが、被災地を歩くと、まさにそれこそがいまもっとも大切なテーマなのだということが実感される。

メディアが、世間が、忘れ去ろうとしているだけだ。まだ、五か月。被災地の状況は深刻さを増している。「がんばろう」とか「日本はひとつ」などというお題目で抑えつけていたことどもが、やがて溢れ出す。深刻なできごとが次から次へと起こっていくのかもしれない。繰り返す、二万人が犠牲となって、まだ五か月である。

本書には対談で触れられたさまざまな文章を掲載した。山折さんが、そして私が、今回の震災を考えるためのよすがとした文章である。言葉がきちんと根を下ろして広がっていく気配が希薄だ。言葉が状況を支えられなくなっている。言葉ではなく、数字を信じる科学が犯した過ちを、ここまで見せつけられたいまこそ、言葉の力を取り戻さなければならない。そこからはじめなければならないと強く思う。先人たちの文章にじっくりと眼を凝らしたいと思う。

第一部　反欲望の時代へ

山折哲雄×赤坂憲雄

【編集部から】本対談は二〇一一年四月二十八日、京都市において行なわれた。

第一章　被災地とメディアと東京

「現代の地獄」に立って

赤坂　山折さん、震災後にはじめて被災地に行かれたのはいつでしたか。

山折　四月十七日から十九日にかけてです。二泊三日の慌ただしい旅でした。山形空港に降りて宮城県に入り、仙台市、東松島市、石巻市、それから登米市のあたりから三陸に抜けて気仙沼市とまわって、帰りは岩手県一関市を経由して帰ってきました。

そのときの、一面の破壊と瓦礫の跡を見ての第一印象は、ここは地獄だ、という実感でした。幻想を伴った中世的な地獄ではなく、現代的なリアリティを持つ地獄が眼前に存在していた。賽の河原とはこのような世界だろうと実感しました。

けれども、その地獄的景観にあって、そこには仏の影が差していない。賽の河原の広がりに地蔵菩薩の気配がまったく感じられない。これはやっぱりすごかった。文明社会が大災害によって完璧に破壊され、宗教的な幻想すら存在しない。

たとえば、気仙沼の破壊。船舶や工場、住宅や市場などの人工構造物、文明的建築物がめちゃめちゃに破壊されて、その残骸が横たわっている。この現代の悲劇を目の当たりにして立ちすくんでしまったというのが正直なところです。

石巻では土葬の仮埋葬場に胸を衝かれました。だいたい一千体くらいの遺体を葬るための墓穴をグラウンドに掘り上げていて、実際に埋葬されていたのはそのうち五分の一ぐらいかな。身元がわかっている人とわからない人が共に眠っている。わかっている人のお墓の前には花が活けられたり、線香や水が供えられていました。一組の若い夫婦らしき人がじっとたたずんで拝んでおられました。

火葬にできないから、さしあたり土葬にしている。仮埋葬ですね。いずれ時が来れば掘り返して火葬にするのでしょう。しかし、いつその時が来るのか。埋められた人すべてが火葬される機会を得ることがあるのかどうか。あわれですね。もしかすると中世の地獄草紙、餓鬼草紙の世界はこういうものだったかと思わせられました。

もうひとつは、自然の存在感というのかな。旅をした三日とも晴れていましてね。海は凪いで、日差しを浴びた海面がキラキラと輝いて、とても美しかった。海を見るとものすごく静かで、残酷なくらい美しいんだよ。ところが振り返ると一連の瓦礫の山が続き、まさに賽の河原の世界が展開している。

もうひとつは、内陸の側に入ると自然も人の暮らしもほとんどそのままの姿で無事に残っている。まさに「国破れて山河あり」という言葉が自然と浮かびました。

そのとき感じたのは、今度の災害を契機に、東北の人々、三陸の人々は、したたかに自然の恐ろしさというものを体験させられ、ぬぐいがたい傷を心の奥底に受けたけれども、最終的にその傷を癒やすのも、このような自然の姿だ、この自然しかわれわれを救ってくれるものはないのかもしれないという、湧き上がるような思いでした。

この自然の持っている本当に残酷なまでの二面性について、物理学者の寺田寅彦①は「慈母のごとき自然と厳父のごとき自然」と言っている。現代人の心からは、魂、あるいは魂と肉体との関係について、伝統的な観念や価値観が失われてしまっているけれども、しかしその

①**寺田寅彦** 物理学者、随筆家、俳人。一八七八〜一九三五。高知県生まれ。著書に『天災と国防』など。

自然に還る、還りたい、そういう感覚はやっぱりこれからも生き続けるだろうし、それを放棄するともう生きている甲斐がなくなってしまう。あるいは生きている意味をなくしてしまうかもしれない。そう言ってもいいほど、その二面性に満ちた自然の奥深さを痛感しました。そんなところが私の印象でしたね。

赤坂　僕も宮城県東松島市の野蒜海岸に立ったときに、やはりそれを感じました。美しい凪ぎの海が広がっているなか、振り返ると松林はなぎ倒されて、アスファルトはめくれ上がり、集落の家々はコンクリートの土台しか残っていない。それでも海はあくまでひっそりと凪いでいる。

地震があったときもきっと、そんなふうに凪いでいた。ところがその美しい海が、地震が起きて二、三十分後には巨大な津波となって押し寄せてきた。すべてを洗い流してしまった。それがほんの一瞬の出来事だったと考えると、本当に途方もないことが起こってしまったのだと痛感する。それでもなお、海はひっそりと凪いでいる。やっぱりこの残酷な引き裂かれ方というのは衝撃でした。

福島原発十五キロ地点からの眺め

山折　赤坂さんもずいぶん現地をまわっているんでしょう。

赤坂　岩手県、宮城県、福島県の沿岸を中心に、四月の初めから少しずつ被災地を歩き始めました。福島県では原発事故によって被災した南相馬市に、四月二十一日に入りました。福島県立博物館館長として文化財保護のための調査に行ったのですが、警戒区域に指定されて立ち入りできなくなる前の日ということもあって、一時帰宅して荷物を取り出そうとする人たちの車が激しく行き交う特別な日でした。

南相馬市をずっと南下して原発から十五キロ地点までたどり着きました。自衛隊によってひととおり遺体の捜索はされていたのですが、二十キロ圏内なので瓦礫の撤去がまったくできていない。津波にやられて以来、まったくの手つかずで四十日間も放置されていた。津波によって運ばれた粘土のような泥を被った風景が、あの日のまま残っていました。人の気配もない。津波に流されなかった家も放置されている。凍りついた風景とでもいえばいいのでしょうか。

南相馬市小高区は作家・島尾敏雄②の両親の故郷です。僕は二年前ほど前にも取材で島尾の実家や、やはりここを父祖の地とする埴谷雄高③と島尾の業績を記念する「埴谷島尾記念文学資料館④」を訪ねていますが、島尾が大学生のころ、夏休みになると子どもたちと一緒に海水浴に行っていた海岸があるんです。

いまでは警戒区域で入れなくなっていますが、その海岸が十五キロ地点から見えるんです。波しぶきがあがっていて、松が少し残っている。潮騒も聴こえてくるのだけれど、アスファルトの道が寸断されていて、そこから先には行けない。交差点では信号がなぎ倒されている。僕は福島県博のガイガーカウンターを持っていたので、さまざまな場所で放射線量を測定していたのですが、そこで測ってみたら、数値は〇・三九マイクロシーベルトでした。

山折　低いんだね。

赤坂　そうなんです。福島市内で一ポイントを超えているのに、十五キロ地点の南相馬は〇・三九。ほとんど汚染されていないんです。次の日、二十キロ圏内が警戒区域に指定され、住民も入れなくなりました。警察官によって各所で道路がバリケード封鎖され、通行の規制が始まった。そんな二十キロ地点を回って数値を測ると、やはり〇・二から〇・三程度でした。

南相馬行きは、いろんな人たちから心配されました。二十キロ圏内は防護服に身を固めないと入れない、そういうイメージができあがっている。けれども、十五キロ地点で数値を見たとき、二十キロラインとか三十キロラインの同心円の幻想に、われわれの意識がものすごく縛られていることに気づきました。警戒区域はすべてが汚染されているわけではなく、まだら模様に汚染区域が広がっている。そのことをきっちりと認識しなければいけないし、発言しなければならないと思いました。

しかし、メディアはこれをまったく報道しない。僕は車に防護服を積んでいましたが、一五キロ地点で着る必要もなかったし、マスクすらせずに立っているわけです。ところがメディアは防護服に身を固めて、あたかも汚染地区であるかのように演出している。彼らは数値が低いのは知っているはずです。にもかかわらず、あのイメージを伝え続けている。メディアが作っている現場のイメージと現実の状況があまりにもかけ離れている。それをきちんと埋める作業をしていかないかぎり、いわゆる風評被害は収まらないでしょう。

メディアは完全に福島から逃げています。たとえば、いわき市の沿岸には津波で壊滅して

②**島尾敏雄**　一九一七〜一九八六。作家。神奈川県生まれ。著書に『死の棘』など。③**埴谷雄高**　一九〇九〜一九九七。作家。台湾生まれ。著書に『死霊』など。④**埴谷島尾記念文学資料館**　福島県南相馬市尾高区本町「浮舟文化会館」内。二〇一一年七月現在、福島原発事故の影響により休館中。

いる村がいくつもあるのに、まったく報道されていない。

聞くところによると、当初は五十キロ圏内は社員に取材をさせないようにしていたそうです。危険な場所にはフリーランスのジャーナリストが入っていた。以前から日本の大手メディアの海外の紛争地取材は全部そうなんだそうですね。危ない現場は下請けやフリーを入れて、社員は行かない。これでは体質としては東京電力も大手メディアも同じです。福島で海外の紛争地帯と同じような体制を取ったということでもありますが、いったいどこの国のメディアなんだろうと怒りを感じますね。

原発の風評被害にはメディアが加担しています。本当に十五キロ地点に立って気が抜けましたよ。測ったら空気はきれいで、僕らはマスクもせずに歩いている。それでもメディアは誰もこない。彼らにとってはそこが汚染地域じゃないとなにか具合が悪いのかもしれない。だから、入るときにはあえて防護服を着たりして、汚染を演出しているのではないか。状況は若干は変わりつつあるようですが、そこまで考えてしまいました。

この先、報道と現場の、あるいは東京と現場の乖離に関していろいろ出てくると思いますが、僕が委員を務める東日本大震災復興構想会議⑤でも、最初に議長の政治学者・五百旗頭真⑥さんが「原発の問題は現在進行形なので除外したい」という意味のことを言われた。即座に思いました。これを認めてしまったら福島はあの惨状のままにブロックされて見捨てられる。だからこそ、絶対に納得できないと発言した。結果、会議の場で原発の問題を語ってよいという流れになったので、ひと安心なのですが、どうも意識的にか無意識的にか、東北の現状がむき出しになるような動きを恐れて蔽い隠したがっている、そういう空気を感じますね。

赤裸々に言ってしまえば、僕は、ああ、なんだ、いまだに東北は植民地なんだ、と感じました。東北を拠点に二十年ちかく歩いてきて、東北は十分に豊かになったし、自分が「東北学」⑦で語ってきたような、千年の呪縛のなかに足掻く東北という問題はリアルではなくなった、どこかでそう思っていたんです。だからこそ僕は今年、「東北学」を語り続けてきた東北芸術工科大学を離れたわけですが、そんな宙ぶらりんの状況にいたときに〈3・11〉にぶつかって、東北の状況はまったく変わってなかったことを思い知らされた。とりわけ福島の原発問題が露出したとき、豊かさの表層の下に東北がいまだ植民地であるという現実がむご

⑤**東日本大震災復興構想会議**　二〇一一年四月、菅直人首相により設置された政策会議。議長・五百旗頭真、議長代理・安藤忠雄、議長代理・御厨貴、特別顧問・梅原猛の下に委員十二名、検討部会十九名。⑥**五百旗頭真**　一九四三〜。政治学者、歴史学者。防衛大学校長。兵庫県生まれ。著書に『米国の日本占領政策　戦後日本の設計図』など。⑦**「東北学」**　赤坂憲雄が提唱する民俗学をベースとした地域学。『東北学／忘れられた東北』など。

たらしく構造として横たわっていたのに、愕然としました。

あの十五キロ地点の夕暮れの海岸が見える爆心地のような光景のなかに立ったとき、もしかしたらここからふたたび「東北学」を始めなくてはならないかもしれない、漠然とそんなことを思いました。

映像の衝撃

赤坂　報道の問題といいますか、映像の受容の問題も気になります。東京で地震を体験して二時間後に、駅前のテレビで仙台市若林区が津波に呑み込まれていく映像を見ました。「仙台市若林区」以外、なんの説明もなかった。若林区のどこでなにが起きているのか把握できないまま、音声のない映像を眺めていました。あの映像で東京の人たちは途方もないことが起きたと知った。実際、自分が観ている映像を信じられませんでした。津波に呑み込まれる家々の住人はみな避難していると思いたかった。そこに人間がいて、一緒に押し流されているなんて、そんな事実には耐えられない。認めたくなかった。阪神・淡路大震災をニュースで知った人たちは、六千数百人の具体的な死を目撃したわけではありません。ところが今回は、相当数の人間が、テレビを通してリアルタイムで人々の死の瞬間を見てしまった。ここが決定的に違うような気がします。あの映像の衝撃は、これからさまざまな場面に影響してくると思いますね。

その一方で、被災地の人たちは、停電によってテレビが見られない状況がずっと続きました。だから、東京にいるわれわれが毎日のように見ていた各地の津波の映像を、多くの被災者はリアルタイムでは見ていない。電気が通って、避難所でもテレビが映るようになって、やっとなにが起きたかを映像で知ることができた。被災地では、災害報道に関して、ひどく閉塞的な一週間ないし十日があった。逆にいえば、被災者はあの映像を見なかったから、パニックに陥らなかったのかもしれません。自分の暮らす町が津波に呑み込まれる映像を被災地で見せられたら、たまったものではなかったでしょう。

もうひとつ、被災者が撮影した膨大な映像があります。「被災者提供」のようなかたちでテレビで放送されたり、ネット上に流れたりした。ネットにアクセスして映像を見た人もたくさんいたと思いますが、これも新しい光景だった。いまは携帯やデジカメなどの撮影機材を、誰でも持っています。これだけ津波の映像が流れた理由はそこにある。広大な震災の現場で深刻な被害を受けている人たちが撮影した映像を、安全圏にいる人たちが見ているという「情報の断層」が表面化した。これも阪神・淡路大震災のときにはなかったことで、今回が初めてだったのではないでしょうか。

山折　記録としてはどうなんだろう。

赤坂　ひとつの映像を何度も繰り返し垂れ流すテレビは「記録の媒体」としては成立しないのではないかと思えます。この震災の本当のリアリティは、現場で起きている細部の事実の膨大な集積にしかない。細部こそが重要なのに、テレビのようなマスメディアは、それを数分間のわかりやすい物語に仕立て上げるばかりで、膨大な細部のリアリティーを切り捨てる。だから、記録という面ではあまりにも無力です。それではこの震災の実際の姿が記録されたことにはならない。

逆に、被災地の若者たちが自力で立ち上げたブログには、地元密着の情報が無数に書き込まれていました。現場で必要とされているのはわれわれが東京で消費しているマスメディアの映像や情報と同じではないのがよくわかります。ネットで情報が広まり、思わぬところから救援の手が差し延べられたりもしました。

このような情報の発信や受信は、従来は公的機関の役割だった。今回は、それとは違った新しい繋がりが生まれた感があります。日常では人間の欲望を解放するために使われている道具が、思いがけない威力を発揮した。平和なときには遊び道具だったり、娯楽の道具だったりしても、危機が訪れたときに人と人とを繋ぐ力を発揮するのがネットという媒体なのかもしれません。ネット社会の新しい可能性の萌芽を見たような気がします。ネット上の人間の繋がりをマイナスに捉える視線がありますが、今回はこのネットワークがこれまでとまったく違った形で機能したのではないでしょうか。

今回の震災で、新しい情報ネットワークがどのように機能したのか。また、震災の記憶を共有しアーカイブ化していくために、今後どのような可能性の拠点になりうるのか。そこを明らかにしていく必要があると思いますね。

植民地としての〈東北〉

山折　メディアの問題でいえば、東北人は忍耐強いとか我慢強いとか、あるいは穏やかだとかの大合唱があったでしょう。この期に及んでいまだにあんなことを言われるのは本当に腹が立ったね。なにかというと、「東北人は……」とやる。あれは腹立つよ、本当に。ある種の東北差別、東北蔑視だ。

赤坂　震災のすぐあとに、どうしてこんなに東北人は辛抱強いのかコメントしてくれないかとある新聞社から電話がありました。もちろん僕は拒みましたが、あの紋切り型の東北観はひどいですね。あの東北観が復旧や復興を遅らせている側面も否定できないんじゃないかな。被災者が「うちはいいから、もっと大変なところを支援してくれ」と語るのは、我慢強いからなどという解釈では理解できないでしょう。

僕は東北を拠点にしてきたわけですが、自分の家族や親族、あるいは友人知人などの身近な死に直面している関係者がたくさんいます。東北人で今回の津波がもたらした死と無関係でいられる人は、一人もいないのではないかと感じるくらいです。この、自分の周囲で必ず誰かが震災で犠牲になっているという状況が、ある種の共有意識を生んだ。家族や親族、友人知人が犠牲になっているわけだから「まずは大変なところへ」となるのは当たり前でしょう。みんな沿岸地域が大変な事態になっていることを知っているから、まずはそちらに物資をという気持ちが共有された。

さらにいうならば、もともと緩やかな「有縁《うえん》」のネットワークが東北には生きています。地縁・血縁のようなきっちりした関係ではなく、流動的で緩やかな「有縁」の感覚ですね。これが誰しもが死者や被災者に繋がっていくネットワークを形成した。もちろんこのネットワークは平時にもあったものですが、それと意識はされていなかった。けれども、それが危機に直面して、危機を支えた。人々の気持ちや動きを下支えした。

誰もが犠牲者の誰かと繋がっているということの「有縁」の感覚があったから、みんなが同じように苦しんでいるのをお互いに実感し合って、自分の不幸はまずは耐えようと思えたのかもしれない。そんな気がします。

それと、地域の特性として東京中央が理解できていなかったのではないかと思えるのは、東北の寒さです。東北の寒さは東京や大阪とはケタ違いで、人を死に追いやるほどのものだという切実さが実感として理解されていなかったのではないか。逆に、食糧の豊かさが東北の強さです。東北はなんといっても日本の食糧基地です。食べ物が豊富にあるのは当たり前です。ガソリンさえあれば、東京から送るのよりも迅速に対応できたかもしれません。

逆に、完全に機能不全に陥ったのは例えばコンビニでした。どうしてコンビニがここまで機能不全になったのかというと、東京中心の物流のせいでしょう。きわめて中央集権的なビジネスモデルで定期的な物流が行われている。センターがひとつあるだけで、ハブ（地域拠点）さえもない。その弱点が顕わになった。すべてをいったん東京へ集めて、そこから再分配するいまの構造の詭弱さが露見したといっていい。

山折　だから、私は吉幾三[8]の『俺ら東京さ行ぐだ[9]』について繰り返し繰り返しメディアで語り続けているんだ。

赤坂　あの歌、僕も大好きなんです。したたかな東北人の歌ですよ。「東京で銭コア貯めで東京で牛飼うだ」ですからね。

山折　銀座に山を買うんだとも言ってるよ。

赤坂　東京でベコを飼って銀座で山を買って、津軽の暮らしのスタイルを東京に持ち込んでやると歌っているわけです。これは出稼ぎ者の論理ではない。出稼ぎ者は苦労して稼いで津軽に戻るわけですが、あの歌は東京に殴り込みをかけているんです。

山折　おらのところの村にはなんにもねえ。誰がそうした……と言外に歌ってもいるんだよ。

赤坂　本当はあそこまでなにもないわけがない。だけどあえて「なんにもねえ」って言うと、東京はほんとにそう思い込む。その錯覚を逆手に取って戦おうとするしたたかな歌ですね。

山折　いま震災後の世の中の気分としては、東北といえば千昌夫[10]の『北国の春[11]』なんですよ。NHKでも『北国の春』は歌われるけど、『俺ら東京さ行ぐだ』は歌われない。『北国の春』は望郷の抒情演歌で、いわば出稼ぎ者の視点ですね。植民地としての東北の構図が背景にある。ところが『俺ら東京さ行ぐだ』はそうじゃない。感傷のかけらもない。叙事演歌だな、あれは。
ここで実際に二つの歌、並べてみようか、ちょっと長くなるけど、一目瞭然だから。

北国の春

白樺（しらかば）　青空　南風
こぶし咲くあの丘　北国の
ああ　北国の春
季節が都会ではわからないだろうと
届いたおふくろの小さな包み
あの故郷（ふるさと）へ帰ろかな　帰ろかな

⑧**吉幾三**　一九五二〜。歌手。青森県生まれ。⑨**『俺ら東京さ行ぐだ』**　一九八四年。作詞・作曲、吉幾三。⑩**千昌夫**　一九四七〜。歌手。岩手県生まれ。⑪**『北国の春』**　一九七七年。作詞・いではく、作曲・遠藤実。

雪どけ　せせらぎ　丸木橋
落葉松（からまつ）の芽がふく　北国の
ああ　北国の春
好きだとおたがいに言いだせないまま
別れてもう五年あの娘（こ）はどうしてる
あの故郷へ帰ろかな　帰ろかな

山吹（やまぶき）　朝霧　水車小屋
わらべ唄聞こえる　北国の
ああ　北国の春
兄貴も親父（おやじ）似で無口なふたりが
たまには酒でも飲んでるだろか
あの故郷へ帰ろかな　帰ろかな

俺ら東京さ行ぐだ

ハァ
テレビも無ェ　ラジオも無ェ
自動車もそれほど走って無ェ
ピアノも無ェ　バーも無ェ
巡査　毎日ぐーるぐる
朝起ぎで　牛連れで
二時間ちょっとの散歩道
電話も無ェ　瓦斯も無ェ
バスは一日一度来る
俺らこんな村いやだ　俺らこんな村いやだ
東京へ出るだ　東京へ出だなら
銭コア貯めで　東京で牛飼うだ

ハァ
ギターも無ェ　ステレオ無ェ
生まれてこのかた　見だごとア無ェ
喫茶も無ェ　集いも無ェ
まったぐ若者ア　俺一人
婆さんと　爺さんと
数珠を握って空拝む
薬屋無ェ　映画も無ェ
たまに来るのは　紙芝居

俺らこんな村いやだ　俺らこんな村いやだ
東京へ出るだ　東京へ出だなら
銭コア貯めで　東京で馬車引くだ

ハァ
ディスコも無ェ　のぞきも無ェ
レーザー・ディスクは何者だ？
カラオケは　あるけれど
かける機械を見だごとァ無ェ
新聞無ェ　雑誌も無ェ
たまに来るのは回覧板
信号無ェ　ある訳無ェ
俺らの村には電気が無ェ
俺らこんな村いやだ　俺らこんな村いやだ
東京へ出るだ　東京へ出だなら
銭コァ貯めで　銀座に山買うだ

俺らこんな村いやだ　俺らこんな村いやだ
東京へ出るだ　東京へ出だなら

を歌う。

赤坂 うーん。たしかに『北国の春』は植民地としての東北の抒情かもしれませんね。ただ、演歌に限らず、ほとんどの東北のイメージは植民地的な抒情に収斂されていますよ。東京に原発の電気を送り、食糧を送り、出稼ぎ労働者を送り、女たちを送る。そして、東京で望郷を歌う。

この東北人自身の抒情はわかりますが、一方で東北は「日本のふるさと」とか「日本の原風景」などといったイメージも負わされている。植民地的に搾取するだけしておいて、そんな「日本」的なイメージまで担わされてもね。

山折 それでふるさとは美しいと自然賛歌でごまかされるわけだ。やっぱり『俺ら東京さ行ぐだ』は、まさに東北人の歌、東北の魂の歌だね。これからの東北の若者には吉幾三になれといいたいね。吉幾三って「よし行くぞう」だ、つまり「レッツ・ゴー」だよ。ダジャレといえばそれまでではあるんだけれど、あの芸名もじつは奥が深い。

赤坂 宣戦布告ですよ、あの歌は。

第二章　震災の名称を変えた愚かさ

消された「東北」と「太平洋」

山折　復興ということで言えば、阪神・淡路大震災[12]のときは神戸を中心としたひとつのエリアの問題だったけれど、今回はそれどころじゃないわけだからね。従来型の復旧や復興なんてあり得ないでしょう。根本的には進歩とか成長という考え方そのものが問われている。これは徹底的に問うていかなければなりませんよ。

たとえば、今回の大震災の呼称が気になっているんだ。気象庁が命名した正式名称は「平

⑫**阪神・淡路大震災**　一九九五年一月一七日発生。M7・3。震源は淡路島北部の明石海峡。死者およそ六四〇〇人。

成二十三年（二〇一一年）東北地方太平洋沖地震」ですね。この地震によって引き起こされた大震災というわけなんだけれど、メディアでは「東北関東大震災」や「東北沖地震」とか、当初はいろいろな名称で呼ばれた。それがいつのまにか「東北」という言葉が削り落とされて、「太平洋沖」も脱落して、最終的に決まったのは「東日本大震災」です。だれがどこでそういう名称に決めたのか。それが最初の段階から気になっていた。

僕はあの大震災が発生したあと、いろいろなメディアから電話取材や執筆依頼を受けるたびにそのことを聞いてみたのですが、みんな知らないんですよ。最終的には閣議決定で「東日本大震災」に決まった。公文書的には気象庁が発表した「東北地方太平洋沖地震」というのが残るんだろうと思うけれど、政府の閣議決定によって「東日本」とやっちゃったわけですよね。もちろん関東でも被害があった。だから、東日本でも間違いではない。けれど、直撃を受けたのは東北です。東北の被害がともかく甚大なのに、東日本とやってしまったがために焦点がぼやけてしまった。

しかも福島第一原発はまさに東北の心臓部のひとつであって、そこで生産された電力が東京、首都圏に供給されるという構造をはっきりさせることは、政治だけではなしにメディアの責任でもある。

だからこそ「東北」を削るべきではなかった。メディアが自分のやるべき仕事をその時点で放棄したのか、あるいは避けたのか。それとも自粛したのか。非常に気になるところですが、これは明らかにしてもらいたい。しかも、その全体の動きを閣議決定のかたちでオーソライズしてしまった。その責任はどうなのか。いずれにしても、これはどこかで明らかにしてもらわなきゃならないと思うけれども、どうしてそういうことが起こったのか。

その背後にあるのは、いうまでもなく東京一極集中という政治体制、経済体制、日本列島の構造的な問題そのものだと思う。これは、いつか来た道どころじゃない。千年の歴史につながる問題なんだよね。つまり中央から見下されたみちのく東北の位置ということで、その視線というのが依然として変わっていない。それで復興だ、なんだかんだと言葉の面ではうまいことを政治家もメディアも言っているが、これはやっぱり基本的な問題なんだね。いまあなたが言われたように、現場をメディアが本当に見ているのか、報道するために検証しているのか、そういう問題がかかわってくるという気がしますね。

赤坂　県や市町村といった行政区の線引きの意味がなくなるほどの規模ですからね。自治体がことごとく被災して、県にさえ、国にさえ頼ることができない。このような現実に遭遇してしまうと、市町村などの行政単位の存在意義すらわからなくなる。岩手は岩手、宮城は宮城、福島は福島といった行政単位内での発想がいったん崩れた。この震災を機に、危機管理の面からも、道州制の議論が進むかもしれません。

東北から県境意識や市町村意識がなくなったとき、新しい社会や生活の形が見えてくるのではないか、そんな予感もあります。そうしていかないと、結局、小さな町や村は生きていけなくなる。単位が小さく、立場が弱いから、金の力で原発のようなものも負わされてきたのが市町村の現実です。東北というひとつの大きな単位ができれば、行政は大きく変わる。この震災を機に、東北では少なからず「地域」の意味が変わると思います。

山折　もうひとつ、この問題を補足すると「太平洋沖」という重要なキーワードも落としてしまった。なぜそう思うかというと、あの大地震は太平洋プレートと北米プレートの重なり合うところで起きた。そこに巨大な力が発生した。この大地震は、日本列島に限られた大災害ではなく、太平洋と北米にまたがる地球規模の大災害なんだということです。「太平洋沖」という言葉は、それを世界に向かってアピールする絶好のキーワードでもあった。どうしてそんな重要なキーワードを削り落としたのか。そこに日本における国際政治の貧困さというか、視野狭窄を感じます。

あげくの果てに、この「太平洋沖」が削り落とされるのとほとんど同時に「日米同盟」の標語がことさらに持ち出されて、今度は米国による〈トモダチ作戦[13]〉ということになった。〈トモダチ作戦〉を言うならば、なおさらのこと、この「太平洋沖」という問題の含意は重要だったわけで、それをキーワードに世界に対して自己主張し、説明していくべきだった。まさにそれが政治というものだろうと思う。ところが、みずからそれをあきらめてしまったというあたり、まことに情けないというほかはない。

赤坂　福島の原発事故もあって、まさに地球規模の大災害となっているわけですからね。

〈フクシマ50〉と西欧文化の「犠牲」

山折　アメリカのメディアでも福島原発の問題が盛んに取り上げられて〈フクシマ50[14]〉という言い方が出てきましたね。危機的状況にあった福島原発に残った作業員が、当初は五十人と伝えられた。なにせ地球的規模の危機を招きかねない原発事故です。アメリカではこの五

⑬**〈トモダチ作戦〉**　東日本大震災に対する米軍の救援復興支援作戦。約一万八〇〇〇人の米軍将兵が二〇一一年四月末まで活動。

⑭**〈フクシマ50〉**　福島原発事故発生後も現場に残った作業員が当初およそ五〇人であったことから欧米メディアが名付けた呼称。「フクシマの英雄」として賞賛された。

十人を、重大な原発危機を食い止めるヒーローであると認識して、メディアもそう呼んだのだと思います。そしてこれを日本のメディアも政治家たちも、日米同盟に基づいた励ましの言葉として受け取っていた気配がある。

しかし、ここはもう少し踏み込んで考えなければなりません。というのは〈フクシマ50〉がヒーローだとすると、アメリカ側は、場合によっては五十人の人間に犠牲になる可能性を引き受けてもらう、そういう事態が来るかもしれないということを前提にして語っているわけだからです。犠牲を前提にして、だからこそそのヒーローという含意ですね。この観点が日本のメディアにはまったくありませんでしたね。

生き残るためにはどうしても犠牲が前提となり、犠牲は不可避、それが大多数が生き残るための避けがたい戦略だ、ということです。

ユダヤ・キリスト教文明、あるいはアングロサクソン文明は、このような生き残りと犠牲の歴史の上に成り立ち、生き残るためには絶対に犠牲が必要だということを前提に世界を制覇してきた。これは歴然としています。だから〈フクシマ50〉も、地球規模の危機の最前線に命を賭けたヒーローたちがいて、その犠牲によってはじめて危機を回避できるという認識でしょう。

ところが私は、地球規模の危機に対処する選択肢ということになれば、そのほかにもうひとつの選択肢があったと思う。それはどういうことかというと、あの福島の現場で命を賭けて働いている、作業している作業員の五十人のみなさんに本当に生命の危機が迫ったら、全員を撤退させるという選択肢です。その結果として、放射線が日本国内に広がった場合、そのリスクやデメリットを今度は国民全体で引き受ける。こういう選択肢があるはずです。

非常に極端なケースを出していると思われるかもしれないけれども、アジア的な価値観というか、仏教や老荘⑮的な考え方からすれば、地球規模の人類の悲劇を全体で平等に引き受けるという生き方——宗教的平等主義といってもいいかもしれない——もあり得るわけです。仏陀⑯の無常、あるいは老荘の虚無の思想とは本来そういうものだったと僕は思ってる。これをかねてから、先の「生き残り戦略」に対して「無常の戦略」と言っています。この福島の原発の悲劇的な状況を、われ人ともに引き受けるという覚悟の選択ですね。アメリカ側は、先にも言ったように暗黙のうちに犠牲の戦略に立っている。それに対して、そんな覚悟がわが指導者には果たしてあるのか。そういう問いを立ててみる必要があるのではないか、とい

⑮**老荘**　古代中国の思想家、老子と荘子。⑯**仏陀**　紀元前五～四世紀ごろ。仏教の開祖。

うことです。
じつは、この両極に立つ世界観・人間観の問題を、われわれ戦後の日本人はあいまいなかたちで重ね合わせ、思考の上で相対化することなく肉体化してしまっている。そこからリーダーシップのあいまいさという問題も出てくるし、その結果、現場の者にだけ目をつぶったまま犠牲を強いる、そういう構図になっている。だからこそ〈フクシマ50〉がひとつの象徴的なキーワードになるわけですが、そのような情報がアメリカ側から流され続け、それに対して積極的な反応ができないという、わが国の受け身の状況にこれがつながっていくわけです。

赤坂　「東北地方太平洋沖地震」という命名から「東日本大震災」へと変換するプロセスのなかにアメリカというファクターが影を落としている。山折さんのお話を聞きながら考えていたのは、〈フクシマ50〉というアングロサクソン的な犠牲の物語を被せられたことによって、ある意味で日本はアメリカ側から「この状況から逃げるな」と恫喝されていたのではないかということです。
あの原発事故が拡大することを非常に恐れているのは、じつはアメリカであり、中国であり、フランスだと考えると、原発推進を国策として掲げている国々の力学が影を落としている気がします。ポリティカルな意味でも、世界の原発エネルギー政策をめぐる地殻変動を起こしている源泉的な場こそ、福島なのではないかとも思えます。

英雄的な〈フクシマ50〉が原発に踏みとどまって事故を終息させることができていたら、アメリカのシナリオどおりになっていたかもしれない。原発事故が起きて、英雄的な五十人の日本人たちがそれを食い止める、そんなハリウッド映画的なシナリオに上手に着地できたのかもしれない。

ところが、現実は事故を抑えることができずに、ずるずると長期化の様相を呈している。いまだ終息にほど遠いそんな状況のなかで、ドイツやイタリアは脱原発に大きく舵を切ろうとしている。日本の世論にも、もう原発はいやだという空気が広がりつつある。この流れにいちばん困惑しているのはアメリカであり、中国であり、フランスなのではないか。

まさに福島は、原発を推進する勢力と自然エネルギーへの転換を推進する勢力の、ふたつの地球規模の巨大なプレートがぶつかり合う接合面となっているのではないか。そして、そこに生じたひずみがさまざまなかたちで噴き出しているのかもしれない。そう考えると「太平洋沖地震」という命名を捨てたのはたしかに象徴的ですね。

山折　やっぱり「東北」と「太平洋沖」を外してはいけなかったんだよ。日本はこのふたつを脱落させた、その根源に横たわる意識を根本的に変えなければだめなんだ、本当は。

赤坂 確かに「東北地方太平洋沖地震」は絶妙でしたね。東北が負わされてきた植民地性をむき出しにして、同時に太平洋沖が世界の巨大なイデオロギー的なプレートがぶつかり合う狭間であることが無意識に表現されていた。ところが、「東日本」と称することで日本列島のなかに呼び戻されてしまった。ごまかされてしまった。やはり「東北」なんですよ。

もうひとつ言えば、僕は東北人が自分たちの問題として福島を引き受ける覚悟ができるかどうかも大きくかかわってくると思います。福島を切り捨てては、東北の復興はあり得ない。東北に、そして日本にその覚悟があるのかどうか。これは確認しておきたいですね。

「原発推進か反原発か」より〈欲望〉を問え

山折 反原発の勢いの増大にいちばん危惧の念を抱いているのは、もちろんアメリカであり中国でありフランスではあるのだけれど、もうひとつには日本の政治であり、日本の経済なんだろうな。

赤坂 先日、朝日新聞に載った中曽根康弘[17]元首相のインタビューを見てびっくりしたのですが、彼が原子力の平和利用に向けて動き出したのは、昭和二十九（一九五四）年だというんです。昭和二十九年は映画の『ゴジラ』[18]が封切られた年で、その年の春にマーシャル諸島のビキニ環礁でアメリカの水爆実験が行なわれ、日本のマグロ漁船第五福竜丸[19]が被爆した。広島、長崎からわずか九年目です。日本の世論は沸騰した。『ゴジラ』もまさにその水爆実験の放射能を浴びた古代の生物が巨大化してやってくるという構図です。

同じころに、中曽根さんを中心とした若手の知識人や官僚や政治家のグループが原子力の平和利用の研究と予算づけに向かって静かに走り出していた。この事実は僕にとってはきわめて衝撃的でしたね。

山折　原子力の平和利用というイデオロギーの背後には、もともと朝鮮動乱からベトナム戦争にかけてソ連や中国などの共産主義体制と対抗していく核の問題があったわけだよね。原子力の平和利用と政治的な緊張状況を秤にかけるのは、自民党政権が戦後ずっとやってきた

⑰**中曽根康弘**　一九一八〜。内閣総理大臣（一九八二〜一九八七）。群馬県生まれ。⑱**『ゴジラ』**　一九五四年。東宝。監督・本多猪四郎。⑲**第五福竜丸**　一九五四年、アメリカによるビキニ環礁水爆実験で被曝した日本のマグロ漁船。被曝した久保山愛吉無線長が「原水爆による犠牲者は私で最後にして欲しい」と遺言して死去。放射能マグロの大量投棄など、社会的にも深刻な影響を与えた。東京・夢の島公園「第五福竜丸記念館」に船体が保存されている。

ことなんだね。核戦争への恐怖、そしてそれに対抗するための核抑止力というやつだ。けれども、共産圏がかつてほどの脅威を持たなくなったいま、それをどう再吟味したり再定義するか、それが新しく浮上してきた国際的な課題だった。

いま、その再定義で問題になるのは、豊かさへの、利便性へのわれわれの「欲望」の問題ではないか。果てしない豊かさへの欲望を保証する電力。それを生む原子力発電に、賛成する、あるいは反対する、そのいずれの場合においても、今回の危機的な状況を機に、われわれの欲望の問題をどう考えるか。ここに行かないと根本的な議論にはなっていかないような気がします。

西欧文明の根幹というか、その根本的な人間観というものを考えると、「生き残り」ということがつねに追求されてきたということがわかります。「生き残り」の神話的な表現ということになれば、例の「ノアの方舟」の旧約的な物語になるわけだけれども、それがその後の前期キリスト教文明というか、アングロ・サクソン文明をつらぬいて今日に及んでいる。それが近代以後は西欧のみならず、われわれの文明はもちろんその生活様式のすみずみにまで浸透して、この日本列島もこの「生き残り」戦略の傘に入ってしまっている。そのおかげでわれわれもまたこの西欧文明の恩恵をうけ、その果実を享受して、今日の経済的繁栄を手にすることができているわけです。アジアでまっさきに「近代化」に成功したのもそのおかげだった。

このような「生き残り」戦略というものはすでに政治理論や経済理論の根幹をなしてしまっているし、われわれの人生観や世界観を方向づけてしまっている。もちろん選民思想や進化論も、みんなそうだった。それが生存戦略の根本原理だった。

ところがこの「生き残りたい」という欲望がこれから先、果たして人類を幸せにみちびくのか、それは破滅と悲劇の道を知らず知らずのうちに歩ませているのではないかという不安が、こんどの原発の事故を契機に明らかになったわけですね。今日の問題で言えば、脳死臓器移植の問題がそうだし、環境問題のキーワードになっている「持続可能の開発理論」も同じ穴のむじなだった。

けれども率直に言うと、その生き残りの戦略は、生き残る者（救命ボートに乗る者）と死にゆく者（犠牲を担う者）とのあいだの亀裂と断絶を十分に埋めることができないままに、底しれない不安と緊張の種を人類に与えつづけてきたのではないだろうか。生き残りたいという欲望を残したまま文明の度合いが進めば進むほど、われわれは反《かえ》って生死の不安と緊張からのがれられなくなっているわけです。「安心安全神話」がたちまち崩れ去ってしまったのもそのためというしかありません。いわば、文明の業による病から脱出することができなくなっている。

だから問題は、そのような生き残り戦略によって生み落とされた文明病というべき不安と緊張を、これからどのようにして沈静させていくか、すなわち欲望の再生産のシステムをどう転換させていくかということになるのではないでしょうか。そのとき第二、第三の道として浮かび上がってくるのが、アジア的価値観の根幹をなしてきた「無常」の原理ではないか。その思想が顧られていい、それを現代における英知と洞察力のふるいにかけてどう蘇らせるかという新たな問題が出てきたと思っているのです。「生き残り」戦略に対して「無常戦略」をこれからの思想課題として取り上げ、第三の道を探し求めていく、そういう時代にきていると思いますね。

だから、もしも反原発なら、やはり「反欲望」を避けて通るわけにはいかない。同時に原発推進であっても、人間の欲望をコントロールするのに、われわれの歴史がどのような知恵や遺産を残してくれているのかということに学び、これからどのようにそれを継承していくかを考えなければならないことになる。だから、この欲望という問題を、そういう形であらためて取り上げることになると、これは好むと好まざるとに関わらず、二千年、三千年の文明論的な視野の下に問い直すということにならざるを得ない。

赤坂　東日本大震災復興構想会議の特別顧問を務められている哲学者の梅原猛[20]さんも、今回の復興は文明論的な課題であると語っておられますね。これをいま引き受けなかったらどうするんだ、と。その思いはとてもよくわかりますね。

山折　だから反原発とか、原発推進とか、そんな政治的レベルにおける論争で終わらせるのは結局は不毛だと思うんだ。

赤坂　僕自身、原発推進でも原発反対でもなかったんですよ。おそらくおおかたの日本人もそうだと思います。電気は必要である、電気を獲得するには原発が必要である、その原発がなんとか安全に運用されているのであればしかたがない、そう思っていたはずです。

原発をめぐる議論というのはものすごく歪んでいて、原発推進派の人たちはひたすら「原発は安全である」としか言わず、反対派の人たちは極端な事故の場面だけを強調してきた。「原発がなければどうするんだ」に対して「原発が爆発したらこうなってしまうぞ」と、そうやってわれわれはどちらからも脅しをかけられて呪縛されて、身動きがとれずに「しかた

⑳**梅原猛**　一九二五〜。哲学者。宮城県生まれ。著書に『隠された十字架　法隆寺論』など。

ないかな」みたいなところに立ちすくんでいた。

ところが、津波にやられた福島第一原発が事故を起こした。早々になんとかなるかなと思って眺めていたら、終息どころか状況はどんどん悪く転がった。そういうなかで、推進か反対かといったレベルの政治的なイデオロギー対立に巻き込まれずにこの問題をどう引き受けるのかをきちんと考える場を作っていかないと、またしても賛成派からも反対派からも脅しをかけられてしまう。これはたまらない、と僕は感じました。復興構想会議はそのことを議論するが、決着をつける場ではないと考えています。だから、ソフトバンクの孫正義[21]さんが国民投票をすればいいと言われているように、国民レベルに投げ返すことがいいかどうかは別にして、これをテーマにした総選挙などを行なって、ぐちゃぐちゃの政治状況を整理するぐらいのことはやるべきだと思っています。

山折　それは僕も賛成だな。

第三章　震災をめぐる日本の「知」

専門家の責任とは

山折　このたびの震災を通じて、僕は専門家とはいったいなにかという問題を、もちろん自分のことも含めて考え続けています。原子力発電をめぐる科学の専門家ということだけではなしに、そもそも専門家と称する人たちがいろんな分野に存在している。その専門家とはなにか、ということを今回は本当に考えさせられたな。

㉑**孫正義**　一九五七〜。ソフトバンクグループ総帥。佐賀県生まれ。個人での一〇〇億円寄付など、東日本大震災の被災地をさまざまに支援。

赤坂　専門家と「想定外」ですね。

山折　たとえば、原発事故にしても、放射線の専門家から原子炉の専門家といった、僕なんかの想像を超えるようなさまざまな多分野の専門家、いろんな大学の先生たちがテレビなどのメディアに登場してきて解説していたのだけれども、全体の状況はいったいどうなっているのかという問題がある。それがよくわからない。

　これはなにも自然科学者や技術者だけの問題ではなくて、人文科学系や社会科学系の専門家全体にもいえる。さらに被害をどう救済するか、復興の手立てをどうするのかなど、それぞれの専門家が登場してきて説明したり論じたりする。こうなると、現代における専門家と称する集団の、それぞれの社会的責任という問題がどうしても出てくる……。

赤坂　原発に関して言えば、テレビに出てくるさまざまな研究機関の研究者、あるいは大学教授などの言動を見て、専門家というのがどれだけ当てにならないか、みんな気づいたと思います。おそらくあの人たちは稼働している原子炉に実際に近づいたこともなく、図面かコンピューターなどで把握している程度なのではないか。そういう人たちがまさに机上の空論を絵に描いたように、原発を論じている。

　しかも、おっしゃるとおり、原子力の専門家といいながら、その専門性がものすごく限られている。原子炉の全体、稼働している環境、それが建設されてから三十年も四十年も経て、どのような問題を抱え、どう解決しなければならないのか。どうも、トータルに原子力発電所というものを把握している人は、この日本にはいないんじゃないかとすら思わされる。

それなのに、みんな判で押したように「安全です」と言い続けている。かつてはトータルに原子力発電所というものを把握し、認識している人もいたのだと思いますが、いまの原発をめぐる状況を見ると、ものすごい知の細分化によってトータルに見ることができなくなっている。

原発に限った話ではありません。思えば一九九〇年代以降、自然科学系だけではなく、人文科学系とか社会科学系とか、学問や知がきわめて細分化して、部品や用途や細部だけ見ればいい状況が重なって、トータルに考える訓練がなされずにきた。だから、われわれも原子力の専門家たちを笑うことはできません。われわれもまた知の細分化のなかで社会や現場からまったく当てにされない、頼りにされない状況にあります。

そう考えると、いまここでなにが言えるのか、できるのかと突きつけられたとき、僕も含めて、ほとんどの人が言葉を失って右往左往している。それが現実なのかもしれません。

寺田寅彦・岡潔・和辻哲郎

山折　原発の話に焦点を当てて話し合ってきたけれども、問題が発生した背景にはもちろん地震と津波があります。地震と津波と原発の問題を総合的に捉える専門領域というものが、果たしてあるのか。そんな専門領域というものが可能なのか、ということを含めて、そもそも専門家として全体を捉えられる人がいるのかどうかということにもなる。

もしも、そんな人間はいないよということになると、集団作業としてならできるのかという問題も出てくる。そう考えると、自然系、社会系、人文系の全体にかかわる、日本の知の全体としてのあり方が問題として浮上してくる、問われてくるということでしょう。これは日本だけじゃなく、世界的にも問題になり得ることですね。

そこで、自分の守備範囲じゃないんですけれども、メディアから求められるままに、つい狭い了見で書いたりしゃべったりしてきたことに触れてみますと、いま僕はあらためて三人の科学者のことを考え直してみる必要があるんじゃないかと思うんですね。ひとり目は物理学者の寺田寅彦。ふたり目が数学者の岡潔。[22] 三人目が哲学者の和辻哲郎。[23]

この三人はいろんな思考実験を繰り返した「科学者」だと思っているんですが、いわばその実験的な学問を志した、この三人の科学者の存在が、かつての日本社会でどのような影響力を持っていたのか、現在の日本社会でどのように影響力を持たなくなったのか、そして今後どのような点を考えなければならないのか、そのあたりのことを中心に検証してみたい気がしているんです。

赤坂　そうですね。

山折　それじゃあ、ひとりずつ概論的なことを言わせてもらおうかな。まず、物理学者の寺田寅彦は、昭和の三陸大津波[24]のあと、『津浪と人間』[25]を書き、さらにそのあとで『天災と国防』[26]や『日本人の自然観』[27]という非常によく知られた論文を書いていますけれども、このふたつの論文で共通して語っている面白いポイントがいろいろあります。

㉒**岡潔**　一九〇一～一九七八。数学者。大阪府生まれ。著書に『日本のこころ』など。㉓**和辻哲郎**　一八八九～一九六〇。哲学者、倫理学社、思想家。兵庫県生まれ。著書に『風土』など。㉔**三陸大津波**　明治二九（一八九六）年六月一五日、三陸沖を震源とする地震と、それによって発生した大津波により、およそ二万二〇〇〇人が死亡もしくは行方不明。昭和八（一九三三）年三月三日、同じく釜石市沖を震源とする地震と大津波により死者・行方不明者およそ三〇〇〇人。㉕**『津浪と人間』**　一九三三年。一二三頁参照。㉖**『天災と国防』**　一九三四年。現在は講談社学術文庫。一三〇頁参照。㉗**『日本人の自然観』**　一九三五年。一四二頁参照。

ひとつは、文明が進めば進むほど自然災害の度合いが激しく厳しくなるといっている。これは非常に重要な指摘ですね。

二番目は、西洋の自然科学は自然に対して非常に攻撃的だった、と。それに対して、われわれ日本人の自然科学は非常に受容的であり対症療法的であるという意味のことを言っている。複雑怪奇な自然の営みをやわらかく受け止める伸縮自在な性格を持っている、そういうことを言っている。これまた非常に重要な指摘だと思います。

さらに彼は、ヨーロッパ、とくに西ヨーロッパのフランスとイギリスは地震がほとんどなく、そのため自然が安定していて、それで自然科学が発達したのに対し、日本は太古の昔から地震列島だった。その不安定な自然と抗うことなくつきあい、頭を垂れてそこから学ぼうとした。そして自分たちの生活をいかに防衛するかに努めた。こうして、日本人は古い時代から危機管理的な思想と知恵を育んできた。そういった知恵と知識と体験の積み重ねのなかから日本人の学問ができあがった。日本人の自然科学にはそういう特色があるのだと説いています。

自然科学というのは、西も東も、ヨーロッパもアジアもない普遍的な性格を持っていることは言うまでもないことなんですが、そのうえでなお、日本の学問、日本人の自然科学はそういう独自な特色を持っていたのだと言っている。これまた非常に重要なところだと思いますね。

もうひとつ、最後に寺田は、日本人はその非常に不安定な自然と長い間つきあってきた結果、「天然の無常」といった感覚を育て上げてきたのだと言っている。ここが寺田のすごいところであって、科学的認識と宗教的真実を同時併存させている。そのふたつのものは、決して水と油の関係ではないということですね。

しかしながら、今日の自然科学はこの地震列島で生み出された「天然の無常」的な伝統をほとんど忘れ去っているんじゃないか。阪神・淡路大震災に関する論評では、寺田のこのような考え方はあまり言及されなかった、注意されることがなかったのですが、今回はさすがにさまざまなメディアで寺田寅彦の言説が取り上げられている。

しかし、それにも関わらず、ほとんどのメディアが触れていないのが、この「天然の無常」の部分なんです。僕が先ほど寺田の特色として挙げた、一番目、二番目ぐらいまでの議論は取り上げていて、その見解を再評価する必要を指摘しているけれども、「天然の無常」の議論には触れないんだね。なぜなのか。これだけの大災害だから「天然の無常」を語るのが不謹慎だとでも思って、自粛しているのかな。だとしたら、これはもう偏見に満ちた「無常」

嫌いとしか言いようがない。

赤坂　天然の無常観のようなものが東北の人たちの心の底流に確かにあるかもしれません。芸術家の岡本太郎[28]が『沖縄文化論　忘れられた日本』で「ちゅらかさの伝統[29]」について論じています。沖縄の言葉で「ちゅら」は「美しい」という意味です。「かさ」は瘡、天然痘のことです。避けようにも避けられない流行病であり、災厄である天然痘に対して「ちゅらかさ」と敬意を表す。敬意を表すことによって、災厄に去ってもらおう。そんな精神が沖縄にはある。そして、沖縄人のあのたおやかで穏やかな立ち居振る舞いの底に、この精神が宿っていると岡本はいうのです。そして、実は東北にも「ちゅらかさ」と似た伝統がある。

災厄を「ちゅらかさ」として祀り捨てる沖縄や東北の人たちにとって、もしかすると米軍基地や原発もそんな災厄のひとつなのではないか。沖縄には広大な米軍基地があり、島民はその危険といつも隣り合わせで生きている。かたや東北には、東京で使う電力を供給するための原発が、青森から福島まで海岸沿いに点々とある。ある意味で、沖縄と東北は同じ状況にあると言えるのではないか。辺境の「内なる植民地」ですね。その役割を背負わされたという事実が、今回の震災でむき出しになったにも関わらず、それでも静かに怒りを抑えて、東北は凛と立っている。その姿に「ちゅらかさ」と共通の伝統を見ます。

沖縄や東北では、自然と人間がとても近い。身近で恵みをもたらす自然が、ときには命を奪うこともあるという感覚を、沖縄と東北の人たちは持っているのかもしれない。リアス式のあの三陸海岸は、極めて厳しい自然の懐に入り込むような場所で、本来は人間にとって暮らしやすい場所ではありません。逆に、だからこそ漁場として豊かです。そこに食い込むようにして暮らしている人びとにとって、ときには津波に呑み込まれることもあるという意識は、仏教でいう無常観とは別に、そこで生きている漁民たち独特の精神の姿勢なのかもしれません。

山折　数学者の岡潔について言えば、文芸評論家の小林秀雄[30]との対談『対話　人間の建設』[31]という書物があります。これがまたまことに面白い、刺激的な対談になっていて、その冒頭のところで岡潔が持ち出しているのがパブロ・ピカソ[32]の絵なんです。『近代絵画』[33]を書いた小林ですから、ピカソについて相当勉強もし研究もしていた。その小

[28]**岡本太郎**　一九一一〜一九九六。芸術家。神奈川県生まれ。著書に『日本再発見』など。[29]**『沖縄文化論　忘れられた日本』**　一九六一年。現在は中公文庫。「ちゅらかさの伝統」は一七六頁参照。[30]**小林秀雄**　一九〇二〜一九八三。文芸評論家。東京都生まれ。著書に『無常といふこと』など。[31]**『対話　人間の建設』**　一九六五年。現在は新潮文庫。一八五頁参照。[32]**パブロ・ピカソ**　一八八一〜一九七三。スペインの芸術家。[33]**『近代絵画』**　一九五八年。

林を相手に岡は「ピカソの絵は無明の世界そのものだ。救いがない」と言っている。無明の世界というのは救いのない世界だと、ピカソの芸術を非常にネガティブに批判しているんだ。

これまでの多くの日本の美術や美学の専門家が語り得なかった指摘だと思いますが、これに対して小林はその場で反論していない。ただ黙って聞いているだけ。ここが対談冒頭の面白い場面ですね。岡潔による「二十世紀」批判の勘どころです。ここのところをはっきりさせないことには、「二十一世紀」への展望はない、そう思っていたのではないだろうか。

赤坂　『ゲルニカ』[34]を指しているのかな。

山折　ニュアンスとしては初期の「青の時代」[35]から『ゲルニカ』まで全般を言っているんだろうね。ピカソの絵はまさに二十世紀における近代の救いのなさを象徴している。にも関わらず、それを「無明」という観点を欠落したまま絶賛し続けてきたのがわれわれの近代というもので、それに対する日本の知識人の理解の仕方の問題があると言っているわけですが、いまだにピカソというと大御所扱いのままだ。

これはこれで面白い問題なんですが、一方、後半で岡は物理学について語っている。二十世紀は物理学の世紀で、それが自然科学の王者だったと言われているけれども、その物理学はふたつのことしかしていない。ひとつは破壊。原水爆を作り上げて、破壊に手を貸した。

もうひとつは、機械的操作。これが岡の指摘のすごいところで、工学的テクノロジーから今日の遺伝子操作にいたるまでを射程に入れると、なるほど戦後に自然科学が世界的な規模でやってきたことは、まさにこの機械的操作だけだったということがわかる。

ちょっと言いすぎかもしれませんが、要するに創造という名のクリエイティブな仕事はなにひとつやっていない。生命現象について言えば葉緑素ひとつ作れないではないか。このような鋭い指摘をしているわけですね。

僕は科学技術によって人類は幸福になったと思います。快適な社会や生活様式を作り上げることに、ものすごい貢献をしたと思っています。しかし、そのうえでなお言わなければならないのは、そもそもやはり科学技術には限界がある。人智を超える自然の猛威に対して、これをコントロールすることなんかとてもできない、とあらためて自覚させられたのがこのたびの大震災・大災害です。

そういう意味で、科学技術よおごるなかれということなんだけれども、同時にその科学技

㉞『**ゲルニカ**』　一九三七年。ピカソがスペイン内戦におけるゲルニカ空襲をテーマに描いた作品。㉟「**青の時代**」　ピカソが青を基調とした作品を描いた時期。

術に対して無限の可能性を信じようとしてきたわれわれ人間の側にもおごりの問題がある。そしてここにも、そのおごりの側に身を置く専門家の社会的責任という問題が出てくるわけですが、どうも阪神・淡路大震災のときから今度の大震災にいたるまで、右の岡潔の言葉に言及するものがほとんど見られなかった。これは非常に淋しいことだね。

三番目は、哲学者の和辻哲郎です。彼の『風土　人間学的考察[36]』という書物は日本人にものすごく大きな影響を与えた作品なんだけれど、あの和辻の提言からわれわれはなにを学んだのかが問題です。

『風土』のなかで非常に面白いのは、あるいは奇異に映るのは、地震のことに彼は一行も触れていないということなんだ。和辻があの風土論を展開するうえで立脚した日本的な風土の根拠は台風なんです。台風の猛威に対して日本人はどのように対処し、自分たちの生活を防衛してきたか。この観点から、国民性論とも言えるような議論を展開しているんですが、その議論のなかで彼は日本人のなかに一種の二重性を見い出している。

日本列島は北から南に非常に長く横たわる島国で、寒帯的・熱帯的な両方の性格を持っている。そこから大雪（寒帯）と大雨（熱帯）の二重性が出てくる。また台風というのは、季節的であると同時に突発的にも発生する、そういう二重性がある。この二重性の問題から

「しめやかな激情」と「恬淡とした戦闘性」というふたつの性格を日本人は生み出し、それが国民性にまでなったとした。

ここから和辻は、日本人に「慈悲の道徳」の倫理が生み出されたのだとみる。それは煩悩即菩提、すなわち迷いは悟りへの道、という仏教的な考えを換骨奪胎してモラルとし、それが台風という自然の猛威に対する共同体的な防衛のシステムを作り上げることに貢献したと考える。親子の愛、兄弟の結びつき、共同体の連帯、そういったネットワークを作り上げてきた。和辻はそう言っている。

今回の被災地における被災者のみなさんの、柔軟で、しかも穏やかな、粘り強い忍耐心のようなものも、その国民性ゆえに生み出されたのではないかとも理解できるのです。それが世界の称賛を浴びたわけですね。こうして、いまごろになって再評価されたというか、例によって外国人に言われてはじめてそれを書き立てるというか、そのような状況が生み出されたということになる。

いずれにしても、先ほど議論したような意味での、専門家とはいったいなにかという問題

㊱『風土　人間学的考察』一九三五年。現在は岩波文庫。一八九頁参照。

を考えるとき、あるいは専門家がこういう災害のときにどう対応しなければならないかを考えるような場合、少なくとも右に述べたような寺田寅彦、岡潔、和辻哲郎という三人の先駆者たちの生き方というか、考え方を再吟味することが必要だと思うし、それとともに、日本の学問の性格というものをもう一度考え直す、そういう時期にきているのではないだろうか。そういったことをベースにして、はじめてこれからの将来に向けての文明論を展開していけるのではないかと考えています。

文明が生んだ災害

赤坂　僕も被災地を歩きながら、日本人の技術や文明に関していくつか感じたことがありました。福島県南相馬市の鹿島区を訪ねたとき、津波に舐めつくされている土地が眼前にバーッと広がっていたんですが、その地形を見てなにやら不思議な感覚を覚えた。案内してくれた人に、ここはもともとどんなところだったのかと尋ねると、水田とそのまわりに民家があった、地名は八沢浦だという。浦と聞いて、さらにここは干拓地だったのか確認すると、明治から大正にかけて、太平洋側を閉め切って浦全体を干拓した土地でした。

ところが、今回の津波では干拓以前のかつての浦の形のままに破壊された。人間があまりにも深く自然の懐に入りすぎて、ある意味では人間の技術が自然を征服するように変更を加えた場所が、津波で全部舐めつくされてしまって、もとの形が露出していたわけです。寺田寅彦の言葉でいえば、文明こそが災害を生んでいる情景のように思えました。

もうひとつ、文明が生んだ災害として言えるのは瓦礫ですね。コンクリートや新建材の家屋が、自動車や大きな船が流された。それが、津波に呑まれた人たちに襲いかかった。流されて海上で生きていたとしても、押し寄せる瓦礫によって生還できない。クルマの破壊が半端じゃない。人間なんてひとたまりもない。近代の象徴ともいえる自動車が、これだけ大量に一瞬にして破壊されたのは、人類史上はじめてでしょう。

そして、重油が流出して火の海となった。これは、どうやら昭和の三陸大津波では見られた光景だったようです。日本の近代文明が作り出したさまざまなモノたちが、津波に乗って牙をむいたといってもいい。

山折 町のなかやかなり内陸に入ったところにまで大きな船が押し流されていましたよ。おっしゃるとおり、クルマの残骸もひどかった。あれを見せつけられると、とてもとても現実のものとも思われない。呆然とせざるを得なかったよ。

赤坂　三陸では岩手県宮古市の田老地区の巨大な防潮堤もやられましたね。万里の長城にも喩えられ、これなら大丈夫だとみんな思って、そのすぐ脇に家々を建てて暮らしていた。ところがいまや津波で土台しか残っていない。人間たちも自然の懐に深く入り込んで危険だということはわかっていたんですよ。だからこそテクノロジーや巨額な資金、年月をかけて巨大な防潮堤を造り続けたわけですが、今回その思惑が外れてしまった。まさに文明が災害を生んでいます。

もちろん、あの防潮堤がなかったら被害はあんな規模じゃ済まなかったでしょう。もっとんでもないところまで津波は押し寄せていたと思います。ですから、科学技術が無意味だとは言いません。しかし、科学技術に身を預けすぎて、そして人間の側の専門知がこの堤防を越える津波はないとお墨つきを与えてしまうことで、人々は安心してしまった。岡潔的に言えば、そこに人間のおごりが生まれた、といったところでしょうか。

ある意味、人間が自然の懐に深く入りすぎたことで起こる災害を科学技術はどこまで抑えられるかという実験を、極限までやってしまったのが日本人なのかもしれませんね。安定した自然のなかにいる西洋の人々はそんな実験をしていませんが、非常に厳しい不安定な自然のなかにいるわれわれ日本人は、実験してしまった。

そして、これからです。それでは、五十メートルの高さの堤防を造れば防げるか。たぶん防げないでしょう。今回の津波はジャンボジェット機五十機が突っ込んだような破壊力だと言われています。ただ高く作ったってだめなんです。おそらくそれを思い知らされたはじめての体験が、今回の津波災害だった。

科学技術と経済力で、なんとか自然の猛威を押し止めることができるに違いないとわれわれは思っていたのに、その思惑がもろくも崩れ去った。われわれがいま直面している問題は、まさに文明論的転換において考えざるを得ない場所まで来てしまっている。もちろん、この問題はもっと凝縮された形で原発事故の現場に露出しているわけですが、人と自然がどのように向かい合うのか、つきあっていくのかという問いに対して、寺田寅彦、岡潔、和辻哲郎といった人たちのまなざしがすごくリアルに思えますね。

福島の原発事故に関して言えば、地震と津波による被害とはまったく違う要素がある。その違いをしっかり押さえておく必要があると僕は思っています。地震や津波のように、日本人がこれまで蓄えてきた「民俗知」的なものだけでは引き受けられない災害、その限界を超えてしまった災害、それが原発事故です。地震や津波の被害にどう立ち向かっていけばいいのかは、みんな経験だけでなく意識や知識を持っていた。

そこに原発事故が起きたおかげで、大混乱に陥っている。原発周辺では、遺体の捜索も、喪に服すことも、鎮魂の営みも、すべてが禁じられた。民俗知だけではしのぐことができない途方もないことが、福島では起きています。やがては復興に向かうであろう地震や津波の被災地とは違って、影響はこれからさらに広がる。終息地点も見えないまま、事態がどこに向かって拡大していくのかもわからない。

問題はチェルノブイリ[37]周辺のように、数十年単位で足を踏み入れられない土地ができようとしていることです。原発周辺は、立ち直ることができない廃墟と化す可能性がある。僕にとっては、原発から数十キロのところに父祖の地があるから、人ごとではない。ロシアのように広ければ、移住はいくらでも可能ですが、日本はこの狭い国土でどうすればいいのだろう。

すさまじい数の人がふるさとを失うということのほか、一定の範囲で立ち入り禁止エリアが生まれると、太平洋沿岸を北上するとき、鉄道も道路も立ち入り禁止区域の手前で迂回しなければならない。日本地図が変わることになる。僕はこの事態を軽く受け止めることができません。われわれの世界観は、変わることを余儀なくされる。

やはり「人間と科学」について真剣に考えざるを得ないときがきたのではないか。これは、原発の問題だけではない。過去の津波の経験から、三陸沿岸には高々と巨大な防波堤や防潮堤が造られました。まるで万里の長城のようなその防波堤が、今回は軽々と津波に呑み込まれてしまった。あの巨大な構造物を造った科学技術とはいったいなんだったのか。巨大な防波堤と巨大な原発を造り上げた科学技術は、果たして無関係なのか。無関係とは言い切れない要素もたくさんあるように感じます。繋がっていないとは思えない。

そうしたことも含めて、人間と自然、人間と科学の問題を、人と知の問題として考えたとき、三陸と福島で起きている問題を、同じ座標軸で論じることが果たしてできるのか。たぶん、二つを完全に切り離して考えることはできない。楕円の二つの焦点のように、両方を抱え込むようにして考えないと、「東日本大震災」の意味するものはわからない。二つの焦点が、どれだけの規模の、どんな楕円を描くのかは、まだわからないけれど、その二つの焦点の間で起こっていくことが、これからの東北を作っていく。僕はそう思っています。

㊲**チェルノブイリ**　一九八六年四月二六日、現ソビエト連邦ウクライナ共和国チェルノブイリ原子力発電所で発生した原発事故。現在も半径三〇キロ圏内は居住禁止区域となっている。

第四章　学ぶべきもの、進むべき道

神話知と民俗知を受け継いで

山折　イタリアのヴェニスではずいぶん前から「モーゼ・プロジェクト」[38]という国家プロジェクトが進められているんですね。私は知らなかったんですが、ヴェニスはいま海面上昇でどんどん沈下していて、放っておくと水浸しになる危機に瀕しています。もともとヴェニスの沖合にあるいくつかの島が防潮堤の役割を果たしていて、外からの海水の侵入を防いでいたようですが、それでも間に合わない。そのうえ、沈下が進んでいる。どうしたら食い止めることができるのか。

そこで科学技術を総動員して、可動式水門の建設を進めているわけですが、そんな国家プロジェクトに「モーゼ」を持ち出してきたところがさすがだと思うんだ。結論からいってしまえば、専門知と経験知に加えて、神話知、あるいは壮大な物語の力といったらいいのかな、そういうものを持ち出してきている。

モーゼ[39]はエジプトで奴隷の状態にあったイスラエルの民を引き連れて脱出する。紅海にやってくると波が逆巻いているので、神に祈ると海が割れて道を通す奇跡が起こる。その道を通ってイスラエルの民を救った。あとから追って来たエジプト軍はその道にふたたび海水が流れ込んで全軍死んでしまう。旧約聖書では、そういう話になっています。

現代の近代文明、その科学技術を総動員して危機を乗り越えようとしているわけだが、そのとき、神話的な物語をイメージ豊かに持ち出して、そこから学ぼうとしている。それをここではあえて「神話知」といっているんですが、そういった物語に流れている精神を近代の専門知を支えるバックボーンにしようという意識が、そこにはある。この感覚、これまでのところ、日本人にはないんじゃないかな。

---

[38]**「モーゼ・プロジェクト」** 地盤沈下によるヴェニス水没を防ぐために二〇〇三年から続いている、アドリア海に可動式水門七八基を建設する計画。[39]**モーゼ** 紀元前一三世紀ころに活躍した預言者。古代イスラエルの民族指導者。『旧約聖書』の「出エジプト記」など。

赤坂　だけど、原発の高速増殖炉に「もんじゅ」とか「ふげん」とか……。

山折　ああ、そうか。

赤坂　文殊菩薩も普賢菩薩も知恵を司っていますよね。あのグロテスクな発想はどこからきているんだろう。

山折　あのとき、核の施設に菩薩の名をつけることに、仏教界は反対の声を上げたけど、なんとなく押さえつけられてしまった。あの計画を推進している人たちの間では、無意識のうちにかもしれないけれど、やはりどこかで守り神を求めていたんじゃないかな。科学技術に対する不安感や自信のなさを、ああいった名づけによってなんとかくぐり抜けようとしたんだろうね。利用された文殊菩薩と普賢菩薩が気の毒だな。

赤坂　だれが命名したのか知りたいくらいですよ。ただ、彼らに不安があるのだとしたら、まだ救いがある。不安すら感じられない人たちが、きわめて鈍感に想定ラインを思いきり下げておいて、そんなことは起こりません、起こるはずがありません、だから避難訓練もしません、そんなこと考えなくていいんですと平気で言ってきた。ちょっと不安のレベルが低すぎます。

山折　ひとつ非常に気になることがあってね。小学校の教科書に六十四年ぶりに『稲むらの火[40]』が復活した。『稲むらの火』というのは、安政元年（一八五四）の安政南海地震のとき、稲束に火をつけて村人たちを津波から救うために高台へ誘導した和歌山県広川町出身の濱口梧陵[41]の物語です。小泉八雲ことラフカディオ・ハーン[42]が『生ける神[43]』と題して作品に取り上げたために、日本だけでなく世界でも知られています。

赤坂　柳田國男[44]の『豆手帖から』の『二十五箇年後』と題する一文[45]にも、明治の三陸大津波のとき、自分の家の薪を焚き続けて、沖合に流された人たちが戻ってこられるようにしたとあります。目印に火を焚いて人々を救う知恵を、海に生きる人たちはみんな持っていたんでしょうね。

山折　これが教科書に載ったのはとてもいいことだと思うんだけれど、被災地の学校を中心

㊵**『稲むらの火』**　一九三四年。一九五頁参照。㊶**濱口梧稜**　一八二〇〜一八八五。実業家、政治家。現ヤマサ醤油の七代目当主に当たる。和歌山県生まれ。安政南海地震で村人を救ったほか、復興・防災にも私財を投じて尽力。和歌山県広川町に「稲むらの火の館（濱口梧稜記念館／津波防災教育センター）」がある。㊷**小泉八雲ことラフカディオ・ハーン**　一八五〇〜一九〇四。作家、日本研究家。ギリシャに生まれたが、世界各地を転々。一八九〇年、英語教師として来日。日本人を妻として東京に没した。著書に『知られざる日本の面影』『怪談』など。㊸**『生ける神』**　一八九六年。㊹**柳田國男**　一八七五〜一九六二。民俗学者。著書に『遠野物語』など。㊺**『豆手帖から』**　一九二〇年。「二十五箇年後」の引用は一九九頁参照。

に、子どもたちに恐怖感を植えつけるという理由で不安の声が上がっているらしい。これには驚いたな。いまこそ災害の悲惨さや怖ろしさをきちんと教育しなければならないときに、子どもたちが不安になるから教えられないというんだ。

被災地には被災地の理由があるでしょうけれど、いつまた今回のような災害に襲われてもおかしくない土地に暮らしているのだから、子どもたちへの災害教育の重要性はますます大きくなりますよ。

赤坂　僕の知っている火山事例でも、いつかまた噴火があるのはわかっているのに、大がかりな避難訓練をしたり、学校で災害教育をしたりすると、不安をあおるし、風評被害で観光客が来なくなるからといって、やらないんです。自然災害なんて、ないことにしておこうみたいな……すごいですよ。

日本人の危機管理について、あらゆるところで奇妙な退行現象が起こっています。『稲むらの火』を学校で教えられないという動きも、まさに日本人が危機に向かい合うのを避けたいということの表れでしょう。

宮城県の沿岸に隣り合うふたつの集落があって、今回の地震と津波で同じような被害を受けた。ほとんど土台しか残っていない。ところが、一方の集落が甚大な犠牲者を出しているのに対して、もう一方は数名の犠牲者で済んでいる。犠牲者の少なかった集落の住民になぜかと訊いたら「ふだんから私たちは律儀に避難訓練をしていましたから」とのことでした。つまり、備えていた。

ハード思考で築いた防潮堤でも、津波を防げるとは思っていない。かならず津波は来る。だからこそ高台に逃げるとか、避難通路を確保するとか、ソフトな知恵を働かせてきた。もともと日本人の災害に対する感覚はそうだったと思いますね。にも関わらず、いまこの巨大な震災を前に後退の動きが始まっている。その意味でも、いまだからこそ『稲むらの火』を子どもたちに教えなければならないと思います。

山折 僕ははじめに、津波の被災地が、それこそ地獄か賽の河原かという印象を強く持ったと言ったけれども、たとえば、江戸時代の寺子屋教育では地獄草紙や餓鬼草紙などの地獄絵図が重要な教材だったわけです。悪いことをするとこうなるよと、子どもたちの教育のために非常に大きな役割を果たした。それがみんなの頭のなかに焼きついていたから、そういうかたちであの時代のモラルが支えられたという面があった。

もちろんそこに恫喝的な意図を持ち込んではいけない。しかしたとえば地獄絵図を、現実にあった情景として印象づけるために、教育的配慮のもとに見せるというのは、広島平和記念資料館（原爆資料館[46]）でもやっているわけです。原子爆弾の被害とはどのようなものだったのか、凄惨な展示です。そして、それがやがて平和教育につながる。『稲むらの火』も同じなんじゃないでしょうか。津波がくるとこうなるぞ、みんなも見ただろう、だからこそ知らなくちゃいけないんだぞ、ときちんと教える。そういう教育を受けた子どもたちは、きっと自分の子どもたちにも語り伝えていく、教えて後世に繋いでくれる。そう思いますね。

赤坂　地獄草紙といえば、明治の津波を描いた『風俗画報[47]』や昭和の津波の報道写真など、かつての津波の記録も残っていますよ。

山折　それを子どもたちに見せていくということだね。

赤坂　自然災害の巣のような土地に暮らしているわけですから、平時の災害教育をどうすればいいのか、もっと徹底して議論すべきときがきていると思いますね。教育によって、犠牲者を少なくすることが、被災者を救うことができるはずなのですから。

山折　もうひとつつけ加えると、民俗学というか、民俗知の大切さについても考えていかなければなりませんね。東北各地に波切不動とか、まあ、名称はさまざまですが、そういう場所がいくつもあるでしょう。津波を経験した先人たちが「大地震があるとここまで津波がくるから気をつけろよ」と、お地蔵さんとかを祀っている。

昔の人は、これを民俗知として継承して、あのお不動さんまで逃げよう、お地蔵さんまで行こう、そうすれば助かると伝えてきた。今回はそれを上回るような災害だったけれども、伝説だから、言い伝えだからと軽視するのではなく、やっぱり民俗的伝承や民俗知からもっともっと学ばなければならないいんじゃないかな。

赤坂 僕もそう思います。三陸海岸には波切不動のような民俗知の伝承がいたるところにあります。津波がくるからここから下には家を建てるなと書かれた石碑などがたくさんある。この高台には津波がこないからここまで逃げろといった言い伝えも多く聞かれます。

こういった、防ぐのではなく、かわすための知恵が民俗知のなかには数多くある。これを受け継いでいかなければならない。すでに忘れ去られてしまったものもたくさんあると思いますが、きちんと掘り起こしてみたいと思っています。

山折 先ほどの防潮堤の問題でいうと、たしかにあれは被害を軽減するうえでは非常に大き

㊻**広島平和記念資料館（原爆資料館）** 広島県広島市の広島平和記念公園内。原爆投下の惨状を伝える。一九五五年開館。㊼**『風俗画報』** 明治二九（一八九六）年七月二五日号。

な役割を果たしているから無意味だとは言えないにしても、頼り切るのではなく、それと民俗知をどう組み合わせていくかが問題なんだ。

それにしても、海に生きる人たちの前に巨大な防潮堤がそびえ立つと、美しい海を日常的に見ることができなくなる。この問題も依然として残るね。

「天然の無常」を生きてきた人々

赤坂　被災者のこれからの生活再建、あるいは沿岸部に住む人々についてですが、僕はやはり高台に撤退すべきだと思います。この問題には、漁民と農民と都市生活者の違いもかかわってくる。宮城県南や福島県の沿岸地域の人々は、海沿いに暮らしているからといって、かならずしも漁民ではない。干拓地や埋立地を農地として暮らす農村もたくさんあります。今回の津波では田畑が塩水を被ってダメになってしまい、早々に内陸への移転を望んでいる人たちもいる。また、都市を抱えているような大きな漁港の場合、関連産業には従事していても直接的には海にか関わっていない住民もいます。仙台など大都市に近ければ、まったく漁業に関係ない通勤者もいる。そんな人たちは高台への移住にも抵抗がないかもしれません。

結局、最終的に海辺に残るのは漁民だろうと思うんです。「板子一枚下は地獄」と覚悟しながらそこに生きてきた人たちは、最後まで高台への移転に抵抗感が残るかもしれません。三陸のように海に高台が迫っているならともかく、宮城県南や福島県の沿岸にはそもそも高台が少なく、海から離れた場所へ移住しなければならないケースも出てくる可能性がありますから、なおさらです。経済的な側面からいっても、巨大な防潮堤を造って浜辺に下りた人たち全員の生活を守ることは不可能です。

ただ、たとえそうではあっても、漁民は海辺から簡単には撤退できない。仮に海近くに止まるとしたら、防潮堤で堤防で防ぐと同時に、避難経路や高台に避難する建物をきちんと確保するとか、そういった方策を立てざるを得ないところも出てくるはずです。僕は基本の戦略は高台に避けることだと思いますが、ひとつの高台移住のモデルで全部をカバーできるとは思っていません。そんなのは現場を見ていない人たちの空論だと思いますね。

山折　そこが大問題でね。たとえば、船乗りや漁業をしている人たちの「板子一枚下は地獄」といった問題意識はこれまでの時代もそうだったし、これからも一種の貴重な人生観として、残り続けると思うんだ。

赤坂　もちろん残ると思います。家をなくした人たちが高台に移るのはやむを得ない。けれども、精神や意識は残さなければならない。きっと浦々と村々のいたるところに、弁天さまがあった、お地蔵さんが立っていた、神社があってお寺があって、お墓があった。精神的なアイデンティティを組み立てるよすがそこここにあったわけです。

それが全部洗い流されたというのに、東北についてなにも知らない都市計画の人たちからは、高台に居住してエコタウンを作りますといったプランが次々に出されている。そのプランには、移住先での人と自然との関係とか、生まれ持った宗教的な感受性というものをどのように再構成していくのかという問いはまったく含まれていません。

やはり、海と交わりながら暮らしてきたこれまでの自分たちの伝統的な世界観を、内陸なり高台なり、移住先の新しい居住空間のなかでどう組み立て直していくのかという問いは、きちんと投げかけないといけないと思います。

そのためにも、浜とか渚が持つ民俗的な世界を見直す必要があります。たとえば、海辺の墓地をフォークロアとして眺めてみると、波に洗われてときどきすべて海に持っていかれます。そして、白い骨になった死者たちは、海の彼方のあの世、海上他界へと運ばれていく。流れ去るだけではありません。海の向こうから得体の知れないなにかがやってくるとか、死者が漂着するとか、クジラが寄りつくとか、いいものであったり悪いものであったりいろいろですが、とにかくさまざまなものが流れ寄る場所でもある。生と死の混じり合う場所だったわけですね。

東北の人たちには、間違いなくそういう感覚があったと思います。だからこそ巨大な津波に集落の構成員の大半が流されてしまっても、同じ場所にまた集落を作る。渚で暮らしていると、いつ波にさらわれて沖合に連れ去られるかわからない。不安定な厳しい自然のなかでは、いつあの世にさらわれてもおかしくない。そういう危機意識を当たり前のように抱え込んでいたからこそ、ふたたび同じ場所に戻っていく。津波で多くの肉親が亡くなっても涙をこぼさずにその死を受け止めようとするのは、いまもその感覚が残っているからでしょう。

これは三陸の渚や浜に暮らす人たちの「天然の無常」であり、覚悟です。われわれは映像を通して、無意識のレベルでそれを引き受けて覚悟している人たちの、悲しみの受け止め方をたくさん見せてもらいました。

しかし、今後はそういった「天然の無常」の感覚を引き受けることはできないんじゃないか。その覚悟を次の世代に背負うよう求めるのは無理なのではないか。と言うのは、漁業も変化しましたからね。昔のように海の経験知ばかりではなく、魚群探知機や気象情報などを駆使した漁です。かつてほど海を目の前に暮らさなくてもよくなっている。ならば少しでも安全な高台に移住して、港とか加工場のようなところは波に洗い流されたとしても、住んでいる場所だけは守る。そうせざるを得ないんじゃないかと僕は思います。

第五章　揺れる日本人のメンタリティ

犠牲者の「魂」の行方は

山折　渚にはたえずいろいろなものが外から流れ寄るという話が出ましたが、そこに引き寄せて語れば、なかでも非常に重い意味を持っているのは遺体です。海岸に漂着した水死体は恵比寿と呼ばれる寄り神、つまり神さま仏さまとして受け取られてきた。そうしないと納得できないメンタリティがあった。

そのメンタリティが、いま非常に揺れ始めているでしょう。万葉の時代ならば、大伴家持㊽

㊽**大伴家持**　七一八～七八五。歌人。

の「海ゆかば水漬く屍　山ゆかば草生す屍」という歌にあるように、あとに残された人にとっては遺体は単なる屍だけれども、その屍から抜け出た魂がどこか天上世界に逝っていると信じることができた。霊魂の存在が前提にあってあの歌があるわけです。だからこそ鎮魂の歌になる。

源実朝[49]の歌「山はさけ海はあせなむ世なりとも君にふた心わがあらめやも」も同じです。山や海が裂けて多くの人間が犠牲になった、だからこそこの国土を守りたい、国土が安泰であってほしい、死者の魂よ、そのことを見守っていてほしい、そんな願望を歌っている。たとえ無情な犠牲を強いられても、最終的には山や海に魂が憩う、鎮まるという信仰があるわけです。

ところが、現代はその遺体と魂の関係が完全に見失われているわけだから、目の前に投げ出された遺体をどう扱っていいかわからない。

先ほどお話しした石巻市の土葬の仮埋葬場で、いろいろと考えさせられました。土葬を、遺体のままに埋める状況と受け止めると、これは心理的に堪えられないわけです。

インドやチベットのように死後の魂が昇天するという信仰があれば、あとに残された遺体は魂の抜けがらですから、神さまのお使いとしての動物たちや小鳥たちに差し上げ、それで納得できる。けれども、それがわれわれにはできない。単に生き物の死体なのか、ご先祖さまなのか、肉親なのか、その境界が遺体に直面したとき非常にあいまいになっている。

だから早く白骨にして、お骨を手にしたい。お骨には霊魂が寄りついてくるという伝統的な観念が多少は残っています。日本人の骨信仰には非常に根強いものがありますからね。そこで、土葬にはするけれども、やがてはどうしても火葬にしたい。そのような気持ちの背後には、この白骨化したい、骨を手元に置いておきたいという気持ちがある。

赤坂 いまの話を補足しますと、太平洋沿岸、石巻のあたりまではいわゆる両墓制がありま す。石巻あたりが北限なんですね。僕の教え子がそれを卒論のテーマにしていたので一緒に見に行ったことがあるのですが、両墓制とは埋め墓と詣り墓があって、埋め墓は死者を埋葬するともう振り返らない。まったくそこには行かなくなる。かわりにお寺に詣り墓という墓石を建てて、その前でお参りをする。だから、骨になっているということをほとんど無視してしまう。

対馬の青海という集落で両墓制の原型的ともいえる風景を見たことがありますが、海岸に

㊾**源実朝** 一一九二〜一二一九。鎌倉幕府三代将軍。歌人としても知られ『金槐和歌集』がある。

埋め墓があって、陸のやや奥まったところのお寺に詣り墓がありました。土葬していた時代には、埋め墓はもっと浜辺に近い場所にあって、遺体が埋葬されてだれもいかなくなると、ときどき波がやってきて全部さらっていってしまった。それが当たり前で、骨に対する執着があまり感じられないんですよ。浜辺には寄り神を迎える神社もあったりして、まさに渚がこちらとあちらの世界の交わる境界的な場所になっていたんです。

ところが、いまは意識が変わって埋葬した上に墓石を建てるようになっているため、流されては困るので堤防で海を遮断しているんですね。こうして死者たちが決して流されないようになると、埋められた人たちが霊魂になってどこへ帰っていくのかという他界観も消滅して、霊魂の行方まで見失ってしまう。

山折　そして、どうにも気持ちの収まりどころがなくなる。そのためでしょうか、たとえば瓦礫の山のなかに家族の写真を探し出そうとする人が後を絶たない。写真こそが亡くなった人と自分とをつなぐ最後のシンボルであり、それが次第に気持ちの上では崇拝対象になっていく。死者を記憶するための入り口なんですよ。写真に対する特別の執着があらわに出てくる。それは現にわれわれが日常的に行なっている葬儀や告別式の場でもそれが飾られる。

このように、遺体をめぐる問題ひとつ取って見ても、いま、日本人のメンタリティは非常に揺れている。そこに今回の大災害です。伝統的に海辺で生活してきた人たちのメンタリティが、今後どのようになっていくのかは、大きな問題だと思いますね。

「ノアの方舟」と「三車火宅」の間で

山折　そこで僕は、ここで根本的な文明論というものを考えておかなければいけないと思うんですよ。ちょっと大風呂敷を広げるようなことになりますが、今回の大震災では神話的な物語と言っていいのか、古代的な物語というものがものすごいリアリティを持って現代のわれわれの前に立ち現われてきた。立ち現われるだけでなくて、神話的な物語が近代的な歴史観や近代的な社会観というものを揺るがし始めた。そんな見取り図が頭のなかに浮かび上がってきた。

神話的な物語とは具体的になにかと言うと、差し当たって私が考えているのはふたつです。先ほどの「モーゼ・プロジェクト」の問題とも関わりますが、やっぱり現代世界には地球規模で考えても、そうした新しい物語がどうしても必要になっている。そこで最初に出てくるのは、旧約聖書の創世記に出てくる「ノアの方舟[50]」の物語です。

この物語はなにかと考えていくと、地球上の人類が悪しき行為にふけっているために神が鉄槌を下す。人類を皆殺しにする。そのために大洪水を起こすわけですが、神がノアだけに向かって、自分と契約して正しき行ないをするかと問いつめる。ノアはそれを受け入れて、生き残ることが保障される。すなわちノアは神との契約のもとに救命ボートを作り、それに乗って生き残ることができた。先ほどの〈フクシマ50〉と同じく、犠牲を伴う生き残りの物語ですね。

ユダヤ・キリスト教文明、アングロサクソン文明から現代の文明にいたるまで、ヨーロッパの歴史はこの生き残りの戦略でずっときた。政治理論、経済理論はもちろん、今日の環境問題でいう持続可能の開発という考え方もそうだし、脳死医療など先端医療の世界もそうです。ずっと生き残り戦略なんだ。生き残る者と犠牲になる者とが選別される。選民思想も進化論もこの生き残り戦略の産物なんだね。結局それが近代、あるいは近代文明を生み出す重要な土台になり、エネルギーになった。

その影響をまともに受けてきたのが、われわれ日本列島人であり、そのために日本はアジアにおける近代化に成功したファーストランナーになることができた。ここでこの「ノアの方舟」物語の問題をどう考え直すのかという問題が出てきます。世界はこれでやっていけるのか。もうひとつ、そこには犠牲のテーマが重要な軸になっているということを忘れてはいけない。

「ノアの方舟」物語、すなわち救命ボートの思想というのは、その背後にかならず犠牲の物語が伴っている。選民思想にしても、進化論にしても、すべて犠牲を前提にした生き残り思想です。死すべき者と生き残る者を選別するという思想が根底にあるわけで、タイタニック号の物語とも繋がれば、福島の原発事故とも関わってくる。宮澤賢治[51]の『グスコーブドリの伝記』の問題にもその主題がにじみ出ているわけです。

これに対抗するもうひとつの物語は、法華経の譬喩品に出てくる「三車火宅」の物語です。ある長者の大きな屋敷がある。これは世の中全体を象徴していると考えていい。たくさんの子どもたちがそのなかで遊んでいるわけですね。ところが、実際はその屋敷のいたるところに火がついて燃えはじめている。ほうっておくと子どもたち全員が屋敷とともに焼け死んでしまう状況にある。

---

[50]**「ノアの方舟」** 二〇一頁参照。[51]**宮澤賢治** 一八九六〜一九三三。作家、詩人。岩手県生まれ。『注文の多い料理店』『銀河鉄道の夜』『宮澤賢治全集』など。

しかし、いくら長者が燃えていると言っても、子どもたちはその声に耳を貸さない。そこでしかたなしに長者は、屋敷の門のところに金銀財宝で飾りつけた羊の車、鹿の車、牛の車の三車を置いて、あそこにものすごく素晴らしい車があるよ、あの遊び道具にさわってみないか、あれに乗ってみないかと子どもたちに語りかける。すると子どもたちははじめてその言葉に引きつけられて、全員屋敷から出る。出たところで、もうひとつ大きな立派な牛の車が用意されていて、三車で遊ぶ子どもたちみんなをそれに乗せて救済する。あとに残された屋敷は燃えてしまう。それが「三車火宅」の物語で、これはしばしば「火宅無常の比喩」として広く語り伝えられてきました。

この物語がもしかすると、仏教の象徴する無常戦略の典型的な物語なのではないかと僕は考えている。アジア的無常戦略のルーツがここにあるように思えるんだ。仏教が日本に伝えた教えはさまざまありますけれども、なかでも大きな影響を与えたのが「無常」の教えだと私は考えています。この法華経の「三車火宅」の物語を通して、日本人の間にアジア的無常観が浸透するようになったといっていい。

日本人は大災害に際会したとき、多くの同朋が苦労しているなら、自分も文句を言わずに一緒に苦しもうといった態度を取ろうとするところがある。これは一面では悪しき集団主義にも繋がるのだけれど、災害に対する日本人の忍耐強い対処の背景にはこの考え方があると思います。多くの人が死んで自分だけが生き残るということに耐えられない鋭敏な神経と言ったらいいか、良心と言ったらいいか、そういう感覚ですね。助かるなら全員だ、もしだめならば最後まで警告を発しながら同じ運命を引き受ける。後者におけるある種の滅びの道を避けるためにも「三車火宅」の比喩が巧みに語られてきたといっていい。

この「ノアの方舟」と「三車火宅」は、今日の世界の状況、とりわけ地球規模のさまざまな災害、不幸な予兆に満たされた諸状況を考えたとき、それを切り抜けていくための重要なキーポイントになる大きな物語になってきたと思います。

いま、東北はこれだけの大災害を受けた。復興という言葉はかならずしもいいとは言えないかもしれませんが、これを建て直して新しい国土づくりをしなければならない。近代的なさまざまな方法、それこそ工学的テクノロジーを総動員して防潮堤などを造り上げていく動きなどに対して、いま言ったような神話的な物語に基づいた価値観をどう再提起していくか、これからの復興策にどう盛り込んでいくか、そういう問題になるのかな。

世界的な規模において、近代的歴史観や近代的価値観を根底から考え直すことを要請するための「物語」として、神話的・古代的物語が浮かび上がってきている。これをわれわれがやらないといけないときがきているんじゃないか。僕はそう思いますね。

赤坂　お話を聞きながら沖縄の石垣島や宮古島などに伝わる津波伝承を思い出していました。ひとりの漁師が人魚を捕まえます。すると人魚は、やがてあなたの村は津波に呑み込まれてみんな犠牲になりますが、私を助けてくれたら、あなただけは助けてあげましょうと言う。そこで、漁師は人魚を助ける。

人魚はじつは海の神の化身みたいなもので、漁師は海の神を助けたことになる。漁師は村に戻ってそのことを村人たちに伝えると、お前は村の掟を破ったとして追放されてしまう。そして彼の一族が高台の荒れ地に家を構えて暮らし始めたころ、津波がやってきて、村は全部洗い流されてしまう、という伝承です。

これは比喩的に言えば、工学的テクノロジーによって堤防を造ったり、「ノアの方舟」のように船を造る、いわば自然に立ち向かうあり方と正反対の道を示しているように思えます。石垣島や宮古島の伝承のように高台に身を避けることは、自然への敬虔さを保ち続け、自然に抗うことなく、自然をかわしながら生き残る道といえるのではないか。

人魚との契約の物語として見れば「ノアの方舟」と似ていますが、自然への敬虔さを繰り返し自覚している人たちが助けられている。どうもキリスト教的な神との契約ではない。だから、亡くなった人たちを犠牲と考えていない。「ノアの方舟」のように神との契約において亡くなった人たちを犠牲とし、その犠牲は避けがたいと考えて生き残るための戦略とは向きが違うように思います。

あるいは津波のなかの船というイメージが浮かびます。津波のときに沖合に出て、波に直角に向かっていって乗り越えて助かった船がたくさんあります。たしかにこれも生き残りの戦略と言えるでしょう。けれどもこれは「ノアの方舟」のように自然に抗うための船出ではない。津波に逆らわずにその波に乗って沖合までいって避ける。やはり、波を、自然の力をかわす。自然と戦うのではなく、抵抗するのではなく、かわしながら生き残る。

山折　おそらくそうだと思いますね。海に生きる人々にとっては、いつ大災害、大洪水が発生するかわからない。だからどうやって助かるかということを常に考えている。自らの海に対する知を総動員して、柔軟な対応を用意して、正面から抗ったり戦ったりせずに生き残る方策を考える。ベースにあるのは一種の神話的な知と言ってもいいし、民俗的な知と言ってもいい。やはり近代的な知につながる生き残り戦略とはそこが違うね。

赤坂　違うような気がしますね。

山折　この生き残り戦略を再定義する、あるいは修正する第三の道を作ることが、したがっていちばん重要な課題となるとすると、われわれ日本人は「ノアの方舟」と「三車火宅」の両方の物語を理解し得る地点にいるということがわかるのではないか。そこにわずかながらわれわれにおける可能性があるのであって、そこに光明が差しているように思えますね。

第六章　終末的な風景から生まれる思想

乱世の思想と生き方

赤坂　この大震災を機に、なにか神話的な物語が生まれてくるかもしれないと山折さんは言われましたが、僕は被災地の爆心地のような風景を前にして、よじれた形での宗教とか、流言飛語のなかでこの世の終わりやハルマゲドンが語られるとか、あるいはその後にやってくる新しい世界への願望とか、そういった思想が現れてくるのではないかと思ったのですが、そのあたりはいかがでしょう。

山折　かならず出てくると思いますね。一方では、怪しげな新宗教もかなり発生するんじゃないかな。

赤坂　しますよね。

山折　まさに、終末論、末法の世界です。これから苦しむ人々がたくさん増えてくる。かつてのオウム真理教のようなケースがあり得るでしょうね。

赤坂　もうちょっとそこに立ち止まりたいのですが、オウム真理教事件[52]に象徴されるような、ハルマゲドン幻想をベースとする終末的な世界に対抗しようという動きが、一九八〇年代から九〇年代にかけてありました。現実的にはきわめて平和な日常がのっぺりと広がっているなかで、若者たちが終末イメージに取り憑かれていった。そして、阪神・淡路大震災が起き、オウム真理教が無差別テロを起こした。

ちょっと話がずれているかもしれませんが、阪神・淡路大震災から今回の大震災に連なる時間はどうだったのかが気になります。自分は決して傷つくことなく世の終末のなかに立つことができる、そんな空想というか、幻想があったのではないか。

米中枢テロの〈9・11〉[53]があり、それに続く対テロ戦争があり、世界は動乱しているのに、日本的な現実としては景気の後退などがあったにせよ、やはりのっぺりとした平和が続いていた。そこに、今回の震災によって唐突に終末的な風景を突きつけられた。

現実に終末的な風景を目の当たりにしたとき、われわれの意識はどのように変わるのか。

僕は確実に〈3・11世代〉が登場してくると思っています。彼らのなかから思想的、芸術的、あるいは宗教的にどんな表現が生まれるのか、とても関心があります。

山折 歴史のなかにモデルを求めれば、『方丈記』[54]の鴨長明[55]と『立正安国論』[56]を書いた日蓮[57]が浮かびますね。末法が説かれた中世は災害がたび重なっていた。末法的状況の中世に生きながら、自分のライフスタイルをどう立て直すか、そして時の政治に対してどう異議申し立てをするか、二人の生き方はこのふたつの問題を象徴的に示しているように思います。

鴨長明は、山は裂け海は荒れ[58]、社会が動乱して救済の力も地に堕ちた状況を生きるために、極小の狭い方丈の世界をひとつの理想郷としてシンプルな生活を送ろうとした。彼は政治にも志を持っていたけれども、挫折して隠者の生活に入っていく。そこで彼が求めたのが宗教

---

[52]**オウム真理教事件** オウム真理教が起こした坂本堤弁護士殺害事件（一九八九年）、松本サリン事件（一九九四年）、地下鉄サリン事件（一九九五年）など一連の事件。[53]**〈9・11〉** 二〇〇一年九月一一日に発生したイスラム過激派によるアメリカ同時多発テロ事件。ハイジャックされた旅客機の突入により世界貿易センタービルが倒壊するなど、犠牲者はおよそ三〇〇〇人。[54]**『方丈記』** 一二一二年。二一〇頁参照。[55]**鴨長明** 一一五五〜一二一六。歌人、随筆家。『方丈記』『無名抄』『発心集』など。[56]**『立正安国論』** 一二六〇年、日蓮が鎌倉幕府執権・北条時頼に提出。打ち続く災害などの国難に対して、法華経による国家安泰を説く。[57]**日蓮** 一二二二〜一二八二。日蓮宗の宗祖。[58]**山は裂け海は荒れ** 『方丈記』の記述は一一八五年の文治京都地震を指す。

と芸術の世界でした。そこへ、各地を遍歴して死体処理をしたり、橋を架けるなど社会的な事業に取り組んだり、あるいは人々の魂の看取りを始める聖（ひじり）たちがたくさん登場してくる。鴨長明の『方丈記』の世界はその聖の文化の伝統を象徴的な形で表わしています。そして、鴨長明は大災害とか飢饉、疫病の流行等々は人間社会では避け得ないものだと認識していた。

一方、日蓮はまさに当時の新宗教運動の第一人者です。真っ向から時の政権を、政治を批判する。そして「南無妙法蓮華経」を唱え、法華経への信仰だけが世の中を救うことができる、それを信じないから天罰が下ったと、天譴論を展開する。その結果、日蓮は徹底的に政治によって弾圧された。

鴨長明と日蓮、この二人は危機的な時代に生まれる思想家の象徴的なタイプだと思います。彼らのような思想を、果たして現代の日本社会が生み出すことができるのかどうか。そういう問題も出てくる。現代において、彼らが取り組んだ問題は、ほとんどすべて政治責任と社会福祉の問題として処理され回収されていくでしょう。けれども、にも関わらず、処理しきれないもの、回収しきれないものが残る。

そのような状況のなかで宗教的な活動がいろんなかたちで発生する。真偽定かならぬ、正体不明の運動と見間違えられてもしかたがない運動へと発展していく可能性もある。ひとりひとりの困っている人たちをなんとか救いたいという主観的な気持ちが、オウム真理教のようにとんでもない反社会的・非合法的な行動に繋がってしまうこともあり得る。危ないところですね。

赤坂　鴨長明や日蓮の活躍した時代が、やがて中世の戦国時代に繋がっていったと思うのですが、その背景には世界的な気候変動があったと最近は言われているようです。地球規模で気温が下がって、生活環境が非常に厳しくなった。それが乱世の背景にある。その乱世をどう生き延びるのかというところで、『方丈記』的な隠者への思想と、日蓮的な末法を掲げての激しい批判という、ふたつの違う動きが出てくる。

われわれはバブルの時代を終えて、阪神・淡路大震災とオウム真理教の事件を重ね合わせのように体験して、それからずっと低迷しながら、いままた大震災に遭遇している。もしかしたら、これは〈始まりの風景〉であって、終わりではないのかもしれない。不安をあおるようなことは言いたくないのですが、僕はこれで終わりだと思えないんですよ。

二十一世紀は災害の世紀だと言う人もいるし、われわれはもしかしたら、中世の戦国時代の引き金を引いたような環境や自然の大きな変容の季節に入ってしまったのかもしれない。

中世の戦国時代のように厳しい環境変動に洗い流されながら、生きるために人々が必死にならざるを得ない時代がはじまっているのではないか。そういう覚悟をわれわれは固めるべきなのかもしれないと、僕はどこかで思っています。

山折　地球規模で考えると、まずはエネルギー問題がある。地球温暖化の危機が叫ばれ続けているというのに、中国やインドなどが経済発展を遂げて、ますます石油を使うようになっている。その矢先に「ジャスミン革命[59]」で中東が火を噴いた。これ以上、安閑と天から降ってくるように石油を買い続けていくことはもうできない。

食糧問題もあります。福島原発の被害のなかで象徴的なのは、土が汚染され始めている。食糧を生産できないという状況は食糧問題に直接かかわる。エネルギー問題と食糧問題というのはこれから日本だけじゃない、世界が生き残っていくための最後に残された課題になっている。今回の大震災でそこのところがきわめて不安定な状況になっている。いや、いままでも実は不安定だったのだけれど、それがあらわになった。

中世においては、ひとつの救済の綱として、少なくとも心の支えになるような宗教思想が自然に芽生えた。親鸞[60]、道元[61]、日蓮という人間たちが出てきたわけですよ。僕はあの時代を〈日本の軸の時代〉と呼んでいます。世界の〈軸の時代〉はカール・ヤスパース[62]が言ったように、ソクラテス、[63]仏陀、孔子・老子、[64]そしてイエス・キリスト[65]の時代です。あの時代に生み出された思想が、二千年から三千年にわたって人類の精神を支え続けてきた。これを日本列島の歴史に当てはめると、やっぱり中世が〈軸の時代〉になるんだろうなと思います。

ところが、いま、かつてのそのような〈軸の時代〉の価値観に学ぼうとする思想的風潮があまり見られない。それをモデルにしたような精神的基盤が極度に希薄になっている。日本列島だけじゃない。世界的にそういう状況でしょう。そこをどう埋めていくか、どうすればいいのかという問題が、いまあらためて出てきていると思いますね。

私が東北の被災地を訪ねて、その現実を前にして地獄とか賽の河原という言葉でしかものがいえなかったのは、もうその極限的な状況のなかでは宗教的言語でしか現実を表現できな

59「**ジャスミン革命**」　二〇一〇から二〇一一年にかけて、チュニジアで起きた民主化運動。民主化運動はアラブ諸国へ拡大。60**親鸞**　一一七三～一二六二。浄土真宗の宗祖。61**道元**　一二〇〇～一二五二。曹洞宗の開祖。62**カール・ヤスパース**　一八八三～一九六九。ドイツの哲学者。著書『歴史の起源と目標』で、世界史的・文明史的に大きな変化のあった紀元前五〇〇年前後を〈枢軸時代〉として論じた。63**ソクラテス**　紀元前五～四世紀ごろ。古代ギリシアの哲学者。64**孔子・老子**　孔子は紀元前六～五世紀ごろの中国の思想家。儒教の始祖。老子は四一頁脚注参照。65**イエス・キリスト**　紀元前四～紀元後二八年ごろ。キリスト教の始祖。

かったということなんです。阪神・淡路大震災のときは多くの宗教者も宗教的言語をほとんど口にしなかった。できなかった。ところが今回は、私の場合もそうだけれど、多くの人々がそれを口にし始めた。

ということは、宗教的言語がいつの間にか復活し始めているということなんですね。あるいは宗教の再定義という問題に、人々が真剣に立ち向かわなければならないような状況になってきているということではないか。これは未来につながる細い細いひとつの道だろうと思っているんです。そんな感じがします。これがもしも、一時的なものでしかなかったとすれば、もう絶望だな。

グスコーブドリの〈犠牲〉の意味

赤坂　先ほど〈フクシマ50〉に象徴されるキリスト教文明的な犠牲の問題が出ましたが、この大震災のなかで犠牲の問題をどういうふうに問いかけたらいいのか。たとえば宮澤賢治などは、山折さんはどのように捉えられますか。

山折　『グスコーブドリの伝記』[66]の問題ですね。

赤坂　そうです。われわれの時代に〈軸の思想〉がどのようによみがえるかを考えたとき、やはり宮澤賢治の存在を抜きにしては考えられないと思います。賢治の作品『グスコーブドリの伝記』は、みずからの命を犠牲に火山を噴火させて飢饉と冷害を食い止める、いわば天災に立ち向かう物語ですね。

山折　森に住んでいたグスコーブドリの一家は飢饉によって離散する。森を出たブドリは工場や農場で働いて米作りをするが、飢饉と冷害による農民の悲惨な状況を救わなければいけないと決意する。そしてクーボー博士のところに行って学んで、科学者を志し、最終的にこの危機を救うためには火山を爆発させなきゃならないと、カルボナード島の火山の爆発プロジェクトを立ち上げる。しかし、このプロジェクトを実現するためには最後のひとりがスイッチを押して死ななければならない。ここで犠牲の問題が出てくるわけですね。

赤坂　グスコーブドリの犠牲のあり方はどこかで〈フクシマ50〉と重なってしまうところがあって、僕には『グスコーブドリの伝記』を素直に受け止めることができないんですよ。日本的な災害への対処のあり方とちょっと違うような気がします。賢治はモダニストですから

㊻『グスコーブドリの伝記』　一九三二年。二三四頁参照。

ね。『グスコーブドリの伝記』は近代の科学技術に対する信頼の上に成り立っている。科学技術がもたらした知見は、現場で犠牲になる人間がいなければ生かされない。だからみずから犠牲になるんですね。

これは映画『ゴジラ』の世界観にもつながります。特攻隊の生き残りの科学者・芹沢博士が、ゴジラを制圧するために作ったオキシジェン・デストロイヤー（水中酸素破壊剤）をみずから抱え、海に飛び込んでゴジラを退治する。そして、オキシジェン・デストロイヤーの悪用を恐れた芹沢はみずから命綱を切って死を選ぶわけですが、これは結局、科学やテクノロジーに対する信仰に裏づけられることではじめて成立している犠牲のあり方のように見えます。

山折　賢治の作品に『農民芸術概論綱要』[67]と『生徒諸君に寄せる』[68]があります。そこにこういう言葉が出てくる……いまの科学は冷たい。宗教は暗い。労働は苦しい。灰色だ。だから光りある科学、力ある宗教、そして芸術の火を燃やして、それを結合して、高次元の労働の世界を作り上げよう……と、賢治は主張しています。

これらの文章が書かれた時代は、アルベルト・アインシュタイン[69]が日本にやってきた時期と重なっていました。賢治は高等数学なども一生懸命に勉強していた。自然科学にもものすごく関心を持っていた。科学の素養のある人だったわけだけれども、その賢治が、科学は冷たい、あるいは暗いといっている。科学に魅かれながら、だからこそ科学のあり方に対する批判精神を持っていたのだと思います。

そして『農民芸術概論綱要』においては「世界がぜんたい幸福にならないうちは個人の幸福はあり得ない」というよく知られる言葉が出てくる。賢治を語るときにかならずといっていいくらい引き合いに出されるメッセージですね。科学と芸術と宗教の幸福な統合をめざす賢治のメッセージと僕も解釈していますが、にも関わらず最晩年になって彼は『グスコーブドリの伝記』を書いた。

飢饉や災害が発生して、現実は非常に厳しい状況であるという認識を賢治は持っていたはずです。賢治の生まれた明治二十九年には明治の三陸大津波が起き、賢治の死んだ昭和八年には昭和三陸大津波が起きている。象徴的な大地震と大津波の合間を生きたのが、賢治の三十七年間の生涯だったわけです。その生涯のなかで、あのメッセージを考え出して『グスコー

---

⑰**『農民芸術概論綱要』**　一九二六年ごろ。二六八頁参照。⑱**『生徒諸君に寄せる』**　一九二七年ごろ。二七八頁参照。⑲**アルベルト・アインシュタイン**　一八七九～一九五五。ドイツに生まれた理論物理学者。相対性理論で知られる。

ブドリの伝記』を書いた。

今度の災害を通じて、はっとしたんですが、「世界がぜんたい幸福にならないうちは個人の幸福はあり得ない」その個人のひとりこそ、グスコーブドリじゃないか、と。これはもう賢治にとってはジレンマだったでしょう。世界全体と個人というものがほとんどイコールで繋がっているにも関わらず、幸福を実現しようとすると、その「個人」が犠牲にならなければならない。

結局、このジレンマの間に立ちすくんだまま賢治は死んでいった。そう考えると、あの言葉は賢治がわれわれに残した謎めいたメッセージのように映る。これは確かに〈フクシマ50〉の問題に繋がるんですね。〈フクシマ50〉をグスコーブドリとすると、世界全体の幸福と〈フクシマ50〉における個人の幸福とは、どのように関係しているのか。その矛盾した両者を、われわれは同時に受け入れなければならなくなる。難しい問題をわれわれに伝え残して、賢治は死んでいった気がします。

赤坂　その犠牲のイメージというのは日本的なコンテクスト（価値観の文脈）から生まれてくるものでしょうか。

山折　賢治はモダニストではあったけれど、まるごと西洋的な思想の人ではなかったような気がします。『グスコーブドリの伝記』は、「ノアの方舟」に象徴されるような犠牲と生き残りの観念とはちょっと違うんじゃないかな。科学者の社会的責任をグスコーブドリの生き方のなかで考えようとし、そして表現した点でやはり違っていると思う。少々迷うところではありますけれどね。

赤坂　たしかに『グスコーブドリの伝記』には科学者の社会的責任という問題がありますね。今回の〈フクシマ50〉のなかに科学者がいたのかどうか。おそらく現場の職員ばかりでしょう。〈フクシマ50〉のなかに科学者がいなくて、いるのは末端の技術者や下請けの労働者ばかりだとしたら、劣悪な環境のなかで懸命に働いているあの姿は痛ましくてなりません。チェルノブイリにはいたんです。リーダーになって、命がけでいちばん放射線量の高いところに繰り返し繰り返し入った科学者たちがいた。

このあいだ、そのひとりがチェルノブイリ事故二十五年ということで応じたインタビュー記事を読みました。地獄だった。恐怖だった。そのとき自分とともに働いた仲間たちの多くが死んでいる……などと語っている。当時のソ連の体制の問題などもあるにしろ、やはりここに科学者の社会的責任を感じます。

山折　あえてそれを行なうのが科学者の社会的責任なのでしょうけれど、たしかに危機的状況を知らずに現場に入って行くよりは、それを知っていて入って行く場合の恐怖感のほうがはるかに大きいでしょうね。グスコーブドリは「死」を覚悟したわけですから……。

赤坂　賢治が『グスコーブドリの伝記』で描いたのは、科学者のモラルや犠牲を前提にしてしか成立しない科学技術であり、未熟ゆえに人間の犠牲によって補完することなしには完結しない科学技術ですよね。今回の災害でわれわれは原発がどれだけ未熟で、人智では制御し得えない技術であるかを思い知らされたわけですが、そこにはみずからを犠牲にして働いたブドリのような科学者の姿はなかったといえるのかもしれません。テレビに出ていた原子力の専門家たちには科学者を自称する人たちもいたでしょうけれど、おそらくまったく現場を知らない人たちでしょう。

山折　結果的に三人称で語っていたからね。

赤坂　きっと彼らは現場でなにが起こっているのか想像できなかったと思いますよ。

山折　賢治が科学は冷たいと言ったのは、逆にいえば、その冷たい科学を乗り越えるためにどうしたらいいかをずっと考えていたからではないかと思います。科学者、あるいは専門家のひとりとして紡ぎ出した最後の物語が『グスコーブドリの伝記』だったとなると、まさに賢治の一生というのは科学者の思想という問題にとどまらない、科学者の社会的責任というものを実践的にみずからに問うた一生だった、と言えるのかもしれない。

赤坂　そう考えると納得できることがいくつもありますね。賢治には発電所をものすごくおおらかに詠んだ詩『発電所』[70]があります。電気が通って光がぽっとついたあの喜び。それは科学に対する希望であり、信頼だった。それにしても、賢治は科学的なことをよく理解している人だからこそ、その科学技術がとても未熟であることを知っていた。

山折　科学を知っていたと同時に、リアルな社会の実状も知っていた。だから地べたで苦しむ農民に接近しようとした。人間の全体的な幸福、社会の全体的な幸福のためには科学だけではだめだという認識を、やはり持っていた。あるいは次第に持つようになった。芸術や宗教と科学との共存の上に成り立った全体世界を常に考えていた。さらにその上に来たるべき高次元の労働の質、ということまで考えていた。

今後の、東北の災害をどう乗り越えて立て直していくか、これは要するに国づくりにつながる本質的な問題となるはずです。まさに東北が生んだ賢治の思想は、そのためのたいへん大きな中心基軸になるのではないかと思います。

⑺⓪『**発電所**』　一九二五年。二八五頁参照。

ただ、それでは賢治の思想を具体的なかたちで現実にどのように繋げていくか、これはかなり高度な発想と工夫を要するとは思いますが。

赤坂　東北出身の若い世代に、賢治をきちんと読み直そうという動きがあります。賢治を信じていいのか、あるいは賢治の限界をわれわれは乗り越えるべきなのかという問いかけがはじまっている。これ、とてもいいことだと思います。『グスコーブドリの伝記』をどう読むのかが分かれ目になるのかもしれませんね。

また、賢治だけではなく、たとえば柳田國男の『遠野物語』[71]や、あるいは斎藤茂吉[72]の作品など、今回の大震災を経験した上で東北の文学を読み直したら〈3・11〉以前とは違う読み方ができるかもしれませんね。

山折　『遠野物語』には津波にさらわれた連れ合いの霊と再会する哀切な話がありますね。あの話は語り手の佐々木喜善[73]も『縁女綺聞』[74]に書いているし、水野葉舟[75]も書いている。また、そのほかに東北の生んだ文学者としてあえてもうひとり挙げるとすれば、やっぱり石川啄木[76]かな。「東海の小島の磯の白砂にわれ泣きぬれて蟹とたはむる」というよく知られた歌がありますが、ここでも最終的に人間の魂を救うのはやっぱり海なんだね。

あと、東北にとっては斎藤茂吉の存在も大きいと思いますね。歌人たちの「海」や「山」

に注目するのもいいかもしれない。国土の最終的な落ち着きどころ、国土イメージの究極的なモデルがそこから見えてくるんじゃないかな。

結局、日本人はそんなイメージの繋がりの網の目のなかで救われてきた。いつの時代でも「国破れて山河あり」の感覚を持ってきたんですよ。

---

⑦1 **『遠野物語』** 一九一〇年。岩手県遠野郷の伝説・民話集。現在は岩波文庫など。⑦2 **斎藤茂吉** 一八八二〜一九五三。歌人、精神科医。山形県生まれ。『赤光』『白き山』など。⑦3 **佐々木喜善** 一八八六〜一九三三。民俗研究家。柳田國男『遠野物語』の語り手。岩手県生まれ。著書に『聴耳草紙』『老媼夜譚』など。⑦4 **『縁女綺聞』** 一九三〇年。二八七頁参照。⑦5 **水野葉舟** 一八八三〜一九四七。作家、詩人。東京都生まれ。水野が柳田と佐々木を引き合わせて『遠野物語』が成立。⑦6 **石川啄木** 一八八六〜一九一二。歌人、詩人。岩手県生まれ。歌集に『一握の砂』など。

第七章　原発禍を越える「希望」とは

新たな「世界のフクシマ」へ

赤坂　今回の大震災は、かつての災害と違って、原発事故があります。原発事故がなければ、おそらく山折さんが言われたように「国破れて山河あり」的な枠組みで完結できたでしょう。

しかし今回は、「三陸の海は絶対よみがえる」といった物語の完結を許さない形で原発事故が起こって、それをどのように引き受けることができるのか、だれもがその問いの前で立ちすくんでいます。

福島県は原発事故による汚染によって美しい自然を回復する道筋を閉ざされてしまった。ことはそれだけでは済まない。国土のある部分が事実上、失われるわけです。アンタッチャブルで立ち入りできない国土が生まれてしまうなんて、こんな狭い国なのに、恐るべきことです。それだけ福島が、東北が、傷ついた。ここで、どうすべきなのか。

東北人は常に半歩か一歩引き、そこで踏ん張って耐えてやりすごすことに長けていますが、今回それをやったら本当にチェルノブイリと並ぶカタカナの〈フクシマ〉のイメージが固定されて、いつまでも福島を呪縛してしまう。人口も流出する、産業も農業も水産業もだめになる。生きていくすべのない未曽有の事態に、福島そのものが解体縮小に向かう状況すら考えられる。もちろん、僕はならないと思っています。そうしてはいけないと思っています。

それではいま、われわれになにができるのか。僕は前向きに立ち向かうべきだと思いはじめています。僕は震災の一週間後から新聞や雑誌に原稿を書き始めました。そのなかで「福島から世界史を変えなければいけない」などと、自分でもどういう意味なのかわからずに書いた。ただ、だんだんと見えてきました。福島を原子力エネルギーから自然エネルギーへの転換の拠点にしなければならない、ということです。僕はそれを「福島県自然エネルギー特区

⑺福島県自然エネルギー特区構想　内閣官房ホームページ（http://www.cas.go.jp/jp/fukkou/pdf/kousou3/akasaka.pdf）参照。

構想[77]」と名づけて、東日本大震災復興構想会議で提案しました。これ以外に〈フクシマ〉の戦いの筋道はないような気がしています。

たとえば、避難区域や二十キロから三十キロ圏内、もしくは接する場所に放射能汚染を徹底的に調査してそれをどう除去できるのかを実践的に研究し、その情報を世界に公開するための放射線医療専門の機関を作る。

あるいは、福島に自然エネルギーの研究開発のための拠点を作る。これまでは原子力発電ばかりに膨大な予算が注ぎ込まれて、自然エネルギーの研究にはごくわずかな予算しか分配されていなかった。まず、原子力ありきだったわけです。けれども、財政的に自然エネルギーにシフトすれば、若い研究者やベンチャー企業など、知恵とアイディアを持つ人たちが集まってくる。

風力発電は一基で一万点の部品が必要で、いまは作るのに年単位の時間がかかっているそうです。そこで、規制を緩和してどんどん部品を作って、福島の海岸沿いにずらりと並べるくらいにする。部品工場が稼働すれば雇用も生まれます。

現実的にも、東北は風土的な条件からいって自然エネルギーに対して非常に有利な土地なんです。環境省の試算では、原発三基から十一基分ぐらいの電力を風力や太陽光で作ることができるそうです。猪苗代湖のほうも結構風がいいらしいんですよ。だからこそ「福島県自然エネルギー特区構想」がリアリティを持ち得るのではないかと僕は考えています。

山折 福島における風力発電の最適性については、環境論のレスター・ブラウン[78]さんが前から指摘していました。彼は毎年のように日本にきているんだけど「福島の風はいい」と言っていました。福島全体がそんな実験的特区になって、あの津波にやられた海岸、原発事故にやられた海岸に、ずらりと風力発電機が並ぶなんて、いいじゃないですか。そんな光景、ぜひ見てみたいね。

赤坂 福島が自然エネルギーへの転換の先頭に立たなければならない。福島が起点になって脱原発、自然エネルギーへの転換に歩み出す。そうすれば、福島が文明論的な転換の最先端に立つことになる。原発事故によって傷ついた福島を後ろ向きに癒やすのではなく、前向きに癒やしたい。チェルノブイリ、フクシマと並べられる負のイメージを乗り越えていく道筋をなんとか作り上げたい。

最初にも言いましたが、同心円で囲われてしまった警戒区域に人は入れません。入らない

---

[78] **レスター・ブラウン** 一九三四〜。アメリカの環境思想家。

ことによって汚染は放置されて、村や町が立ち直る再出発の契機もどんどん失われていきます。相馬野馬追[79]の大事な舞台である相馬小高神社も二十キロ圏内なんですよ。そういう歴史的な土地にまでこのまま入れなくなって、捨てられてしまって、朽ち果ててしまって、いつ帰ってこられるのかわからないような状況で放置されてしまったら、これは負けです。

だからむしろ、徹底した情報公開のなかでどんどん避難区域、警戒区域を縮めていく。たとえば一年ごとにきちっと調査して、今年はこの区域は人間の住める状況だと判定されたから帰ってもいいというように、毎年毎年その警戒区域を小さくしていく。そんな前向きな姿勢で立ち向かってはじめて福島が後ろ向きに後退していくのを防ぐことができる。

山折　大賛成だな。福島に世界原子力文化研究実験センターのような機関を立ち上げてもいい。日本の科学がグレードアップするいいチャンスになる。

弥勒のような希望と救済を

赤坂　世界戦略みたいな話をあえてしますが、アメリカと中国はたぶん原発を手放せない。現在のような経済戦略では無理ですよ。けれども、日本の厳しい自然は自然エネルギーを生む母胎もなる。原発からの転換が可能かもしれない。もしも日本がこの転換に成功して、原発に代わるエネルギー技術を作り上げることができたら、自然エネルギーの循環を基礎にした経済構造を作って、みんながアメリカや中国の真似をしなくてもよくなる。アジアの周辺諸国には大変な励ましになるでしょう。受け入れられるでしょう。日本はある種の先端的なモデルを提示する役割を課せられたのかもしれません。

じつは日本は、すでに似たようなケースを経験しています。一九七〇年代、水俣病をはじめとした公害問題が日本社会を揺るがした。環境保護が叫ばれて、当時ではかなりの水準の規制が課せられた。当初はさまざまな企業がコスト面や技術面から反発した。規制のおかげで会社がつぶれるというわけですね。けれども、公害の悲惨さがそれを許さなかった。結果、世界最先端の環境保全技術ができて、中国や東南アジアなどにさかんに環境保全のためのプラントを送り出すビジネスに繋がった。汚染の性質や社会状況の違いはありますが、もう一度チャレンジしてみてもいいはずです。

⑲**相馬野馬追**　福島県浜通り旧相馬藩の祭礼。国指定重要無形文化財。人馬一体となった勇壮な神旗争奪戦で知られるが、二〇一一年は福島原発事故の影響で縮小開催。

山折　もうひとつ、首都機能の分散も叫ばれて久しいでしょう。今回の大震災の復興のために、その仕事に着手すべきです。環境省、文部科学省、経済産業省は福島をはじめとした東北に移して、新しい雇用を生み出す。いずれやってくる東海や東南海地震に備えて関西には防災省を作る。京都は芸術文化の火をともすセンターにする。東京は外交と防衛だけでいい。日本全体の動きがそうならないとね。そうしたら日本列島全体の人の流れが大きく変わりますよ。復興構想会議は、それくらい大きなプランを提案してほしいね。

赤坂　なかなか東京は利権を手放さないと思いますが、国策レベルでのエネルギー政策をどうするかという議論とは別に、これだけ深く傷ついた福島に特区として新しい風景を切り拓く役割を託せと僕は要求したいと思っています。そのくらい攻撃的にやらないと、福島は歩み出せない。

前向きに戦わないと、ヒロシマ・ナガサキ・フクシマ、あるいはチェルノブイリ・フクシマとして歴史に刻まれてしまう。それどころか、道路や鉄道すら福島を迂回しかねない状態になっています。福島が通れない土地になってしまったら、東北にはだれも人がいかなくなる。

ある意味で、東北はいまはじめて運命共同体になっているのかもしれません。「福島県自然エネルギー特区構想」は福島を起点にはじめますが、いずれ東北全体を巻き込みたいですね。東北を人類が直面している困難な課題に対して模索する拠点とする。そうすれば、福島だけでなく、宮城県や岩手県とも連繋できます。宮城と岩手は復興に向けて動き出していますが、福島だけが置き去りにされている感がある。

原発事故のために、なんの復興プランも出せずに立ちすくんでいる。あきらめみたいなものがさらに沈んでいくと、どうしようもない。それを避けるためにも、復興構想会議で「福島県自然エネルギー特区構想」を提案しました。福島には希望が必要なんです。

山折　復興でも再生でも構わないけれど、そう、まずは希望がなければならない。希望がなければ、福島の人たち、東北の人たち、あるいは日本人全体もみんな動き出せませんね。「モーゼ・プロジェクト」じゃないけれど、なにか神話知の名前をこのプロジェクトにも付けなければいけませんね。「もんじゅ」と「ふげん」を高速増殖炉に持っていかれたから、「ミロク（弥勒）」なんてどうだろう。未来において衆生を救済する菩薩だ。

赤坂　「ミロク・プロジェクト」ですか。いいですね。

山折　先ほど赤坂さん、これがはじまりかもしれない、その覚悟を持たなければならないと言われた。今回の震災は、東北以外の、西日本の人々にとってもとてつもない大災害です。日本人みんなが生き直しをしなければいけないのではないかと感じている。みな、自分たちの文明はもう限界にきている、下り坂にさしかかっている、全面的な挽回などあり得ないと思っている。

赤坂　これからもっといろいろな問題が起きますよ。ひどくなるという言い方は避けたいと思いますが、ただ、われわれがいまだ経験したことのない時代がはじまったのではないか、そんな感触は確実にあります。

山折　にも関わらず正面から議論しない、できない。それはいったいなぜか。その抑圧はいったいどこから出てくるのか。このままでは日本は救われませんよ。

赤坂　抑圧を排除して、自粛もやめて、本当にきちんと語り合う時代をはじめなければならない。そろそろそんな時代に日本人は足を踏み入れるべきなのではないか。そう強く思います。

第二部

過去からの伝言
東日本大震災を考えるために

【編集部から】第二部として、第一部で山折哲雄・赤坂憲雄両氏が対話のなかで触れた文学作品や随筆を収録する。われわれは東日本大震災をどのように捉え、そこからどのように歩み直せばいいのか。思いをめぐらせるための糧となれば幸いである。

津浪と人間

寺田寅彦

昭和八年三月三日の早朝に、東北日本の太平洋岸に津浪が襲来して、沿岸の小都市村落を片端から薙《な》ぎ倒し洗い流し、そうして多数の人命と多額の財物を奪い去った。明治二十九年六月十五日の同地方に起ったいわゆる「三陸大津浪」とほぼ同様な自然現象が、約満三十七年後の今日再び繰返されたのである。

同じような現象は、歴史に残っているだけでも、過去において何遍となく繰返されている。歴史に記録されていないものがおそらくそれ以上に多数にあったであろうと思われる。現在の地震学上から判断される限り、同じ事は未来においても何度となく繰返されるであろうということである。

こんなに度々繰返される自然現象ならば、当該地方の住民は、とうの昔に何かしら相当な対策を考えてこれに備え、災害を未然に防ぐことが出来ていてもよさそうに思われる。これは、この際誰しもそう思うことであろうが、それが実際はなかなかそうならないというのがこの人間界の人間的自然現象であるように見える。

学者の立場からは通例次のように云われるらしい。「この地方に数年あるいは数十年ごとに津浪の起るのは既定の事実である。それだのにこれに備うる事もせず、また強い地震の後には津浪の来る恐れがあるというくらいの見やすい道理もわきまえずに、うかうかしているというのはそもそも不用意千万なことである。」

しかしまた、罹災者《りさいしゃ》の側に云わせれば、また次のような申し分がある。「それほど分かっている事なら、何故津浪の前に間に合うように警告を与えてくれないのか。正確な時日に予報出来ないまでも、もうそろそろ危ないと思ったら、もう少し前にそう云ってくれてもいいではないか、今まで黙っていて、災害のあった後に急にそんなことを云うのはひどい。」

すると、学者の方では「それはもう十年も二十年も前にとうに警告を与えてあるのに、それに注意しないからいけない」という。するとまた、罹災民は「二十年も前のことなどこのせち辛い世の中でとても覚えてはいられない」という。これはどちらの云い分にも道理がある。つまり、これが人間界の「現象」なのである。

災害直後時を移さず政府各方面の官吏、各新聞記者、各方面の学者が駆付けて詳細な調査をする。そうして周到な津浪災害予防案が考究され、発表され、その実行が奨励されるであろう。

さて、それから更に三十七年経ったとする。その時には、今度の津浪を調べた役人、学者、新聞記者は大抵もう故人となっているか、さもなくとも世間からは隠退している。そうして、今回の津浪の時に働き盛り分別盛りであった当該地方の人々も同様である。そうして災害当時まだ物心のつくか付かぬであった人達が、その今から三十七年後の地方の中堅人士となっているのである。三十七年と云えば大して長くも聞こえないが、日数にすれば一万三千五百五日である。その間に朝日夕日は一万三千五百五回ずつ平和な浜辺の平均水準線に近い波打際を照らすのである。津浪に懲りて、はじめは高い処だけに住居を移していても、五年たち、十年たち、十五年二十年とたつ間には、やはりいつともなく低い処を求めて人口は移って行くであろう。そうして運命の一万数千日の終りの日が忍びやかに近づくのである。鉄砲の音に驚いて立った海猫が、いつの間にかまた寄って来るのと本質的の区別はないのである。

これが、二年、三年、あるいは五年に一回はきっと十数メートルの高波が襲って来るのであったら、津浪はもう天変でも地異でもなくなるであろう。

風雪というものを知らない国があったとする、年中気温が摂氏二十五度を下がる事がなかったとする。それがおおよそ百年に一遍くらいちょっとした吹雪《ふぶき》があったとすると、それはその国には非常な天災であって、この災害はおそらく我邦の津浪に劣らぬものとなるであろう。何故かと云えば、風のない国の家屋は大抵少しの風にも吹き飛ばされるように出来ているであろうし、冬の用意のない国の人は、雪が降れば凍《こご》えるに相違ないからである。それほど極端な場合を考えなくてもよい。いわゆる颱風《たいふう》なるものが三十年五十年、すなわち日本家屋の保存期限と同じ程度の年数をへだてて襲来するのだったら結果は同様であろう。

夜というものが二十四時間ごとに繰返されるからよいが、約五十年に一度、しかも不定期に突然に夜が廻り合せてくるのであったら、その時に如何なる事柄が起るであろうか。おそらく名状の出来ない混乱が生じるであろう。そうしてやはり人命財産の著しい損失が起らないとは限らない。

さて、個人が頼りにならないとすれば、政府の法令によって永久的の対策を設けることは出来ないものかと考えてみる。ところが、国は永続しても政府の役人は百年の後には必ず入れ代わっている。役人が代わる間には法令も時々は代わる恐れがある。その法令が、無事な一万何千日間の生活に甚だ不便なものである場合は猶更《なおさら》そうである。政党内閣などというものの世の中だと猶更そうである。

災害記念碑を立てて永久的警告を残してはどうかという説もあるであろう。しかし、はじめは人目に付きやすい処に立ててあるのが、道路改修、市区改正等の行われる度にあちらこちらと移されて、おしまいにはどこの山蔭の竹藪の中に埋もれないとも限らない。そういう時に若干の老人が昔の例を引いてやかましく云っても、例えば「市会議員」などというようなものは、そんなことは相手にしないであろう。そうしてその碑石が八重葎《やえむぐら》に埋もれた頃に、時分はよしと次の津浪がそろそろ準備されるであろう。

昔の日本人は子孫のことを多少でも考えない人は少なかったようである。それは実際いくらか考えばえがする世の中であったからかもしれない。それでこそ例えば津浪を戒める碑を建てておいても相当な利き目があったのであるが、これから先の日本ではそれがどうであるか甚だ心細いような気がする。二千年来伝わった日本人の魂でさえも、打砕いて夷狄《いてき》の犬に喰わせようという人も少なくない世の中である。一代前の云い置きなどを歯牙《しが》にかける人はありそうもない。

しかし困ったことには「自然」は過去の習慣に忠実である。地震や津浪は新思想の流行などには委細かまわず、頑固に、保守的に執念深くやって来るのである。紀元前二十世紀にあったことが紀元二十世紀にも全く同じように行われるのである。科学の方則とは畢竟《ひっきょう》「自然の記憶の覚え書き」である。自然ほど伝統に忠実なものはないのである。

それだからこそ、二十世紀の文明という空虚な名をたのんで、安政の昔の経験を馬鹿にした東京は大正十二年の地震で焼払われたのである。

こういう災害を防ぐには、人間の寿命を十倍か百倍に延ばすか、ただしは地震津浪の週期を十分の一か百分の一に縮めるかすればよい。そうすれば災害はもはや災害でなく五風十雨の亜類となってしまうであろう。しかしそれが出来ない相談であるとすれば、残る唯一の方法は人間がもう少し過去の記録を忘れないように努力するより外はないであろう。

科学が今日のように発達したのは過去の伝統の基礎の上に時代時代の経験を丹念に克明に築き上げた結果である。それだからこそ、颱風が吹いても地震が揺《ゆす》ってもびくとも動かぬ殿堂が出来たのである。二千年の歴史によって代表された経験的基礎を無視して他所《よそ》から借り集めた風土に合わぬ材料で建てた仮小屋のような新しい哲学などはよくよく吟味しないと甚だ危ないものである。それにもかかわらず、うかうかとそういうものに頼って脚下の安全なものを棄てようとする、それと同じ心理が、正しく地震や津浪の災害を招致する、というよりはむしろ、地震や津浪から災害を製造する原動力になるのである。

津浪の恐れのあるのは三陸沿岸だけとは限らない、寛永安政の場合のように、太平洋沿岸の各地を襲うような大がかりなものが、いつかはまた繰返されるであろう。その時にはまた日本の多くの大都市が大規模な地震の活動によって将棋倒しに倒される「非常時」が到来するはずである。それはいつだかは分からないが、来ることは来るというだけは確かである。今からその時に備えるのが、何よりも肝要である。

それだから、今度の三陸の津浪は、日本全国民にとっても人ごとではないのである。

しかし、少数の学者や自分のような苦労症の人間がいくら骨を折って警告を与えてみたところで、国民一般も政府の当局者も決して問題にはしない、というのが、一つの事実であり、これが人間界の自然方則であるように見える。自然の方則は人間の力では枉《ま》げられない。この点では人間も昆虫も全く同じ境界《きょうがい》にある。それで吾々も昆虫と同様明日の事など心配せずに、その日その日を享楽して行って、一朝天災に襲われれば綺麗にあきらめる。そうして滅亡するか復興するかはただその時の偶然の運命に任せるということにする外はないという棄《す》て鉢《ばち》の哲学も可能である。

しかし、昆虫はおそらく明日に関する知識はもっていないであろうと思われるのに、人間の科学は人間に未来の知識を授ける。この点はたしかに人間と昆虫とでちがうようである。それで日本国民のこれら災害に関する科学知識の水準をずっと高めることが出来れば、その時にはじめて天災の予防が可能になるであろうと思われる。この水準を高めるには何よりも先ず、普通教育で、もっと立入った地震津浪の知識を授ける必要がある。英独仏などの科学国の普通教育の教材にはそんなものはないと云う人があるかもしれないが、それは彼地には大地震大津浪が稀なためである。熱帯の住民が裸体《はだか》で暮しているからと云って寒い国の人がその真似をする謂《い》われはないのである。それで日本のような、世界的に有名な地震国の小学校では少なくも毎年一回ずつ一時間や二時間くらい地震津浪に関する特別講演があっても決して不思議はないであろうと思われる。地震津浪の災害を予防するのはやはり学校で教える「愛国」の精神の具体的な発現方法の中でも最も手近で最も有効なものの一つであろうと思われるのである。

（追記）三陸災害地を視察して帰った人の話を聞いた。ある地方では明治二十九年の災害記念碑を建てたが、それが今では二つに折れて倒れたままになってころがっており、碑文などは全く読めないそうである。またある地方では同様な碑を、山腹道路の傍で通行人の最もよく眼につく処に建てておいたが、その後新道が別に出来たために記念碑のある旧道は淋《さび》れてしまっているそうである。それからもう一つ意外な話は、地震があってから津浪の到着するまでに通例数十分かかるという平凡な科学的事実を知っている人が彼地方に非常に稀だということである。前の津浪に遭った人でも大抵そんなことは知らないそうである。

［青空文庫＝底本『寺田寅彦全集　第七巻』岩波書店、一九九七年刊＝より。初出は『鉄塔』昭和八年五月で、単行本『蒸発皿』に収録。なお、初出時の署名は「尾野倶郎」であった］

天災と国防

寺田寅彦

「非常時」というなんとなく不気味なしかしはっきりした意味のわかりにくい言葉がはやりだしたのはいつごろからであったか思い出せないが、ただ近来何かしら日本全国土の安寧を脅かす黒雲のようなものが遠い水平線の向こう側からこっそりのぞいているらしいという、言わば取り止めのない悪夢のような不安の陰影が国民全体の意識の底層に揺曳《ようえい》していることは事実である。そうして、その不安の渦巻《うずまき》の回転する中心点はと言えばやはり近き将来に期待される国際的折衝の難関であることはもちろんである。

そういう不安をさらにあおり立てでもするように、ことしになってからいろいろの天変地異が踵《くびす》を次いでわが国土を襲い、そうしておびただしい人命と財産を奪ったように見える。あの恐ろしい函館の大火や近くは北陸地方の水害の記憶がまだなまなましいうちに、さらに九月二十一日の近畿地方大風水害が突発して、その損害は容易に評価のできないほど甚大なものであるように見える。国際的のいわゆる「非常時」は、少なくも現在においては、無形な実証のないものであるが、これらの天変地異の「非常時」は最も具象的な眼前の事実としてその惨状を暴露しているのである。

一家のうちでも、どうかすると、直接の因果関係の考えられないようないろいろな不幸が頻発することがある。すると人はきっと何かしら神秘的な因果応報の作用を想像して祈祷《きとう》や厄払《やくばら》いの他力にすがろうとする。国土に災禍の続起する場合にも同様である。しかし統計に関する数理から考えてみると、一家なり一国なりにある年は災禍が重畳しまた他の年には全く無事な回り合わせが来るということは、純粋な偶然の結果としても当然期待されうる「自然変異《ナチュラルフラクチュエーション》」の現象であって、別に必ずしも怪力乱神を語るには当たらないであろうと思われる。悪い年回りはむしろいつかは回って来るのが自然の鉄則であると覚悟を定めて、良い年回りの間に充分の用意をしておかなければならないということは、実に明白すぎるほど明白なことであるが、またこれほど万人がきれいに忘れがちなこともまれである。もっともこれを忘れているおかげで今日を楽しむことができるのだという人があるかもしれないのであるが、それは個人めいめいの哲学に任せるとして、少なくも一国の為政の枢機に参与する人々だけは、この健忘症に対する診療を常々怠らないようにしてもらいたいと思う次第である。

日本はその地理的の位置がきわめて特殊であるために国際的にも特殊な関係が生じいろいろな仮想敵国に対する特殊な防備の必要を生じると同様に、気象学的地球物理学的にもまたきわめて特殊な環境の支配を受けているために、その結果として特殊な天変地異に絶えず脅かされなければならない運命のもとに置かれていることを一日も忘れてはならないはずである。

地震津波台風のごとき西欧文明諸国の多くの国々にも全然無いとは言われないまでも、頻繁にわが国のように劇甚《げきじん》な災禍を及ぼすことははなはだまれであると言ってもよい。わが国のようにこういう災禍の頻繁であるということは一面から見ればわが国の国民性の上に良い影響を及ぼしていることも否定し難いことであって、数千年来の災禍の試練によって日本国民特有のいろいろな国民性のすぐれた諸相が作り上げられたことも事実である。

しかしここで一つ考えなければならないことで、しかもいつも忘れられがちな重大な要項がある。それは、文明が進めば進むほど天然の暴威による災害がその劇烈の度を増すという事実である。

人類がまだ草昧《そうまい》の時代を脱しなかったころ、がんじょうな岩山の洞窟の中に住まっていたとすれば、たいていの地震や暴風でも平気であったろうし、これらの天変によって破壊さるべきなんらの造営物をも持ち合わせなかったのである。もう少し文化が進んで小屋を作るようになっても、テントか掘っ立て小屋のようなものであって見れば、地震にはかえって絶対安全であり、またたとえ風に飛ばされてしまっても復旧ははなはだ容易である。とにかくこういう時代には、人間は極端に自然に従順であって、自然に逆らうような大それた企ては何もしなかったからよかったのである。

文明が進むに従って人間は次第に自然を征服しようとする野心を生じた。そうして、重力に逆らい、風圧水力に抗するようないろいろの造営物を作った。そうしてあっぱれ自然の暴威を封じ込めたつもりになっていると、どうかした拍子に檻《おり》を破った猛獣の大群のように、自然があばれ出して高楼を倒壊せしめ堤防を崩壊させて人命を危うくし財産を滅ぼす。その災禍を起こさせたもとの起こりは天然に反抗する人間の細工であると言っても不当ではないはずである、災害の運動エネルギーとなるべき位置エネルギーを蓄積させ、いやが上にも災害を大きくするように努力しているものはたれあろう文明人そのものなのである。

もう一つ文明の進歩のために生じた対自然関係の著しい変化がある。それは人間の団体、なかんずくいわゆる国家あるいは国民と称するものの有機的結合が進化し、その内部機構の分化が著しく進展して来たために、その有機系のある一部の損害が系全体に対してははなはだしく有害な影響を及ぼす可能性が多くなり、時には一小部分の傷害が全系統に致命的となりうる恐れがあるようになったということである。

単細胞動物のようなものでは個体を切断しても、各片が平気で生命を持続することができるし、もう少し高等なものでも、肢節《しせつ》を切断すれば、その痕跡から代わりが芽を吹くという事もある。しかし高等動物になると、そういう融通がきかなくなって、針一本でも打ち所次第では生命を失うようになる。

先住アイヌが日本の大部に住んでいたころにたとえば大正十二年の関東大震か、今度の九月二十一日のような台風が襲来したと想像してみる。彼らの宗教的畏怖の念はわれわれの想像以上に強烈であったであろうが、彼らの受けた物質的損害は些細《ささい》なものであったに相違ない。前にも述べたように彼らの小屋にとっては弱震も烈震も効果においてたいした相違はないであろうし、毎秒二十メートルの風も毎秒六十メートルの風もやはり結果においてほぼ同等であったろうと想像される。そうして、野生の鳥獣が地震や風雨に堪えるようにこれら未開の民もまた年々歳々の天変を案外楽にしのいで種族を維持して来たに相違ない。そうして食物も衣服も住居もめいめいが自身の労力によって獲得するのであるから、天災による損害は結局各個人めいめいの損害であって、その回復もまためいめいの仕事であり、またおめいめいの力で回復し得られないような損害は始めからありようがないはずである。

文化が進むに従って個人が社会を作り、職業の分化が起こって来ると事情は未開時代と全然変わって来る。天災による個人の損害はもはやその個人だけの迷惑では済まなくなって来る。村の貯水池や共同水車小屋が破壊されれば多数の村民は同時にその損害の余響を受けるであろう。

二十世紀の現代では日本全体が一つの高等な有機体である。各種の動力を運ぶ電線やパイプやが縦横に交差し、いろいろな交通網がすきまもなく張り渡されているありさまは高等動物の神経や血管と同様である。その神経や血管の一か所に故障が起こればその影響はたちまち全体に波及するであろう。今度の暴風で畿内地方の電信が不通になったために、どれだけの不都合が全国に波及したかを考えてみればこの事は了解されるであろう。

これほどだいじな神経や血管であるから天然の設計に成る動物体内ではこれらの器官が実に巧妙な仕掛けで注意深く保護されているのであるが、一国の神経であり血管である送電線は野天に吹きさらしで風や雪がちょっとばかりつよく触れればすぐに切断するのである。市民の栄養を供給する水道はちょっとした地震で断絶するのである。もっとも、送電線にしても工学者の計算によって相当な風圧を考慮し若干の安全係数をかけて設計してあるはずであるが、変化のはげしい風圧を静力学的に考え、しかもロビンソン風速計で測った平均風速だけを目安にして勘定したりするようなアカデミックな方法によって作ったものでは、弛張《しちょう》のはげしい風の息の偽週期的衝撃に堪えないのはむしろ当然のことであろう。

それで、文明が進むほど天災による損害の程度も累進する傾向があるという事実を充分に自覚して、そして平生からそれに対する防御策を講じなければならないはずであるのに、それがいっこうにできていないのはどういうわけであるか。そのおもなる原因は、畢竟《ひっきょう》そういう天災がきわめてまれにしか起こらないで、ちょうど人間が前車の顛覆《てんぷく》を忘れたころにそろそろ後車を引き出すようになるからであろう。

しかし昔の人間は過去の経験を大切に保存し蓄積してその教えにたよることがはなはだ忠実であった。過去の地震や風害に堪えたような場所にのみ集落を保存し、時の試練に堪えたような建築様式のみを墨守して来た。それだからそうした経験に従って造られたものは関東震災でも多くは助かっているのである。大震後横浜から鎌倉へかけて被害の状況を見学に行ったとき、かの地方の丘陵のふもとを縫う古い村家が存外平気で残っているのに、田んぼの中に発展した新開地の新式家屋がひどくめちゃめちゃに破壊されているのを見た時につくづくそういう事を考えさせられたのであったが、今度の関西の風害でも、古い神社仏閣などは存外あまりいたまないのに、時の試練を経ない新様式の学校や工場が無残に倒壊してしまったという話を聞いていっそうその感を深くしている次第である。やはり文明の力を買いかぶって自然を侮り過ぎた結果からそういうことになったのではないかと想像される。新聞の報ずるところによると幸いに当局でもこの点に注意してこの際各種建築被害の比較的研究を徹底的に遂行することになったらしいから、今回の苦い経験がむだになるような事は万に一つもあるまいと思うが、しかしこれは決して当局者だけに任すべき問題ではなく国民全体が日常めいめいに深く留意すべきことであろうと思われる。

小学校の倒壊のおびただしいのは実に不可思議である。ある友人は国辱中の大国辱だと言って憤慨している。ちょっと勘定してみると普通家屋の全壊百三十五に対し学校の全壊一の割合である。実に驚くべき比例である。これにはいろいろの理由があるであろうが、要するに時の試練を経ない造営物が今度の試練でみごとに落第したと見ることはできるであろう。

小学校建築には政党政治の宿弊に根を引いた不正な施工がつきまとっているというゴシップもあって、小学生を殺したものは○○議員だと皮肉をいうものさえある。あるいは吹き抜き廊下のせいだというはなはだ手取り早で少し疑わしい学説もある。、あるいはまた大概の学校は周囲が広い明き地に囲まれているために風当たりが強く、その上に二階建てであるためにいっそういけないという解釈もある。いずれもほんとうかもしれない。しかしいずれにしても、今度のような烈風の可能性を知らなかったあるいは忘れていたことがすべての災厄の根本原因である事には疑いない。そうしてまた、工事に関係する技術者がわが国特有の気象に関する深い知識を欠き、通り一ぺんの西洋直伝の風圧計算のみをたよりにしたためもあるのではないかと想像される。これについてははなはだ僭《せん》越《えつ》ながらこの際一般工学者の謙虚な反省を促したいと思う次第である。天然を相手にする工事では西洋の工学のみにたよることはできないのではないかというのが自分の年来の疑いであるからである。

今度の大阪や高知県東部の災害は台風による高潮のためにその惨禍を倍加したようである。まだ充分な調査資料を手にしないから確実なことは言われないが、最もひどい損害を受けたおもな区域はおそらくやはり明治以後になってから急激に発展した新市街地ではないかと想像される。災害史によると、難波や土佐の沿岸は古来しばしば暴風時の高潮のためになぎ倒された経験をもっている。それで明治以前にはそういう危険のあるような場所には自然に人間の集落が希薄になっていたのではないかと想像される。古い民家の集落の分布は一見偶然のようであっても、多くの場合にそうした進化論的の意義があるからである。そのだいじな深い意義が、浅薄な「教科書学問」の横行のために蹂躙《じゅうりん》され忘却されてしまった。そうして付け焼き刃の文明に陶酔した人間はもうすっかり天然の支配に成功したとのみ思い上がって所きらわず薄弱な家を立て連ね、そうして枕を高くしてきたるべき審判の日をうかうかと待っていたのではないかという疑いも起こし得られる。もっともこれは単なる想像であるが、しかし自分が最近に中央線の鉄道を通過した機会に信州や甲州の沿線における暴風被害を瞥見《べっけん》した結果気のついた一事は、停車場付近の新開町の被害が相当多い場所でも古い昔から土着と思わるる村落の被害が意外に少ないという例の多かった事である。これは、一つには建築様式の相違にもよるであろうが、また一つにはいわゆる地の利によるであろう。旧村落は

「自然淘汰」という時の試練に堪えた場所に「適者」として「生存」しているのに反して、停車場というものの位置は気象的条件などということは全然無視して官僚的政治的経済的な立場からのみ割り出して決定されているためではないかと思われるからである。

それはとにかく、今度の風害が「いわゆる非常時」の最後の危機の出現と時を同じゅうしなかったのは何よりのしあわせであったと思う。これが戦禍と重なり合って起こったとしたらその結果はどうなったであろうか、想像するだけでも恐ろしいことである。弘安《こうあん》の昔と昭和の今日とでは世の中が一変していることを忘れてはならないのである。

戦争はぜひとも避けようと思えば人間の力で避けられなくはないであろうが、天災ばかりは科学の力でもその襲来を中止させるわけには行かない。その上に、いついかなる程度の地震暴風津波洪水が来るか今のところ容易に予知することができない。最後通牒も何もなしに突然襲来するのである。それだから国家を脅かす敵としてこれほど恐ろしい敵はないはずである。もっともこうした天然の敵のためにこうむる損害は敵国の侵略によって起こるべき被害に比べて小さいという人があるかもしれないが、それは必ずしもそうは言われない。たとえば安政元年の大震のような大規模のものが襲来すれば、東京から福岡に至るまでのあらゆる大小都市の重要な文化設備が一時に脅かされ、西半日本の神経系統と循環系統に相当ひどい故障が起こって有機体としての一国の生活機能に著しい麻痺症状を惹起《じゃっき》する恐れがある。万一にも大都市の水道貯水池の堤防でも決壊すれば市民がたちまち日々の飲用水に困るばかりでなく、氾濫《はんらん》する大量の流水の勢力は少なくも数村を微塵になぎ倒し、多数の犠牲者を出すであろう。水電の堰堤《えんてい》が破れても同様な犠牲を生じるばかりか、都市は暗やみになり肝心な動力網の源が一度に涸《か》れてしまうことになる。

こういうこの世の地獄の出現は、歴史の教うるところから判断して決して単なる杞憂ではない。しかも安政年間には電信も鉄道も電力網も水道もなかったから幸いであったが、次に起こる「安政地震」には事情が全然ちがうということを忘れてはならない。

国家の安全を脅かす敵国に対する国防策は現に政府当局の間で熱心に研究されているであろうが、ほとんど同じように一国の運命に影響する可能性の豊富な大天災に対する国防策は政府のどこでだれが研究しいかなる施設を準備しているかはなはだ心もとないありさまである。思うに日本のような特殊な天然の敵を四面に控えた国では、陸軍海軍のほかにもう一つ科学的国防の常備軍を設け、日常の研究と訓練によって非常時に備えるのが当然ではないかと思われる。陸海軍の防備がいかに充分であっても肝心な戦争の最中に安政程度の大地震や今回の台風あるいはそれ以上のものが軍事に関する首脳の設備に大損害を与えたらいったいどういうことになるであろうか。そういうことはそうめったにないと言って安心していてもよいものであろうか。

わが国の地震学者や気象学者は従来かかる国難を予想してしばしば当局と国民とに警告を与えたはずであるが、当局は目前の政務に追われ、国民はその日の生活にせわしくて、そうした忠言に耳をかす暇《いとま》がなかったように見える。誠に遺憾なことである。

台風の襲来を未然に予知し、その進路とその勢力の消長とを今よりもより確実に予測するためには、どうしても太平洋上ならびに日本海上に若干の観測地点を必要とし、その上にまた大陸方面からオホック海方面までも観測網を広げる必要があるように思われる。しかるに現在では細長い日本島弧《とうこ》の上に、言わばただ一連の念珠のように観測所の列が分布しているだけである。たとえて言わば奥州街道から来るか東海道から来るか信越線から来るかもしれない敵の襲来に備えるために、ただ中央線の沿線だけに哨兵《しょうへい》を置いてあるようなものである。

新聞記事によると、アメリカでは太平洋上に浮き飛行場を設けて横断飛行の足がかりにする計画があるということである。うそかもしれないがしかしアメリカ人にとっては充分可能なことである。もしこれが可能とすれば、洋上に浮き観測所の設置ということもあながち学究の描き出した空中楼閣だとばかりは言われないであろう。五十年百年の後にはおそらく常識的になるべき種類のことではないかと想像される。

人類が進歩するに従って愛国心も大和魂もやはり進化すべきではないかと思う。砲煙弾雨の中に身命を賭して敵の陣営に突撃するのもたしかに貴《たっと》い日本魂《やまとだましい》であるが、○国や△国よりも強い天然の強敵に対して平生から国民一致協力して適当な科学的対策を講ずるのもまた現代にふさわしい大和魂の進化の一相として期待してしかるべきことではないかと思われる。天災の起こった時に始めて大急ぎでそうした愛国心を発揮するのも結構であるが、昆虫や鳥獣でない二十世紀の科学的文明国民の愛国心の発露にはもう少しちがった、もう少し合理的な様式があってしかるべきではないかと思う次第である。

〔青空文庫＝底本『寺田寅彦随筆集　第五巻』岩波文庫、一九四八年刊＝より。ふりがなの一部を省いた。初出は昭和九年十一月『経済往来』〕

日本人の自然観

寺田寅彦

緒言

「日本人の自然観」という私に与えられた課題の意味は一見はなはだ平明なようで、よく考えてみると実は存外あいまいなもののように思われる。筆を取る前にあらかじめ一応の検討と分析とを必要とするもののようである。

これは、日本人がその環境「日本の自然」をいかに見ていかに反応するか、ということ、またそれが日本人以外の外国人がそれぞれの外国の自然に対する見方とそれに対する反応しかたと比べていかなる特色をもつかということを主として意味するように思われる。そうして第二次的には外国人が日本の自然に対する見方が日本人とどうちがうかということも問題になりうるわけである。

もしも自然というものが地球上どこでも同じ相貌《そうぼう》を呈しているものとしたら、日本の自然も外国の自然も同じであるはずであって、従って上記のごとき問題の内容吟味は不必要であるが、しかし実際には自然の相貌が至るところむしろ驚くべき多様多彩の変化を示していて、ひと口に自然と言ってしまうにはあまりに複雑な変化を見せているのである。こういう意味からすると、同じように、「日本の自然」という言葉ですらも実はあまりに漠然とし過ぎた言葉である。北海道や朝鮮台湾は除外するとしても、たとえば南海道九州の自然と東北地方の自然とを一つに見て論ずることは、問題の種類によっては決して妥当であろうとは思われない。

こう考えて来ると、今度はまた「日本人」という言葉の内容がかなり空疎な散漫なものに思われて来る。九州人と東北人と比べると各個人の個性を超越するとしてもその上にそれぞれの地方的特性の支配が歴然と認められる。それで九州人の自然観や東北人の自然観といったようなものもそれぞれ立派に存立しうるわけである。しかし、ここでは、それらの地方的特性を総括しまた要約した「一般的日本人」の「要約した日本」の自然観を考察せよというのが私に与えられた問題であろうと思われる。そうだとすると問題は決してそう容易でないことがわかるのである。

われわれは通例便宜上自然と人間とを対立させ両方別々の存在のように考える。これが現代の科学的方法の長所であると同時に短所である。この両者は実は合して一つの有機体を構成しているのであって究極的には独立に切り離して考えることのできないものである。人類もあらゆる植物や動物と同様に長い長い歳月の間に自然のふところにはぐくまれてその環境に適応するように育て上げられて来たものであって、あらゆる環境の特異性はその中に育って来たものにたとえわずかでもなんらか固有の印銘を残しているであろうと思われる。

日本人の先祖がどこに生まれどこから渡って来たかは別問題として、有史以来二千有余年この土地に土着してしまった日本人がたとえいかなる遺伝的記憶をもっているとしても、その上層を大部分掩蔽《えんぺい》するだけの経験の収穫をこの日本の環境から受け取り、それにできるだけしっくり適応するように努力しまた少なくも部分的にはそれに成効して来たものであることには疑いがないであろうと思われる。

そういうわけであるから、もし日本人の自然観という問題を考えようとするならば、まず第一に日本の自然がいかなるものであって、いかなる特徴をもっているかということを考えてみるのが順序であろうと思われる。

もっとも過去二千年の間に日本の自然が急激に異常な変化をしたのだとすると問題は複雑になるが、幸いにも地質時代の各期に起こったと考えられるような大きな地理的気候的変化が日本の有史以後には決して起こらなかったと断言してもほとんど間違いはないと思われるから、われわれは安心して現在の日本の天然の環境がそのままにわれわれ祖先の時代のそれを示していると仮定してもはなはだしい誤謬《ごびゅう》に陥る心配はないであろうと思われる。

それで以下にまず日本の自然の特異性についてきわめて概略な諸相を列記してみようと思う。そうしてその次に日本人がそういう環境に応じていかなる生活様式を選んで来たかということを考えてみたら、それだけでも私に課せられた問題に対する私としての答解の大部分はもう尽くされるのではないかと思われる。日本人を生んだ自然とその中における生活とがあってしかる後に生まれ出た哲学宗教思想や文学芸術に関する詳細な深奥な考察については、私などよりは別にその人に乏しくないであろうと思われる。

日本の自然

日本における自然界の特異性の種々相の根底には地球上における日本国の独自な位置というものが基礎的原理となって存在しそれがすべてを支配しているように思われる。

第一に気候である。現在の日本はカラフト国境から台湾まで連なる島環の上にあって亜熱帯から亜寒帯に近いあらゆる気候風土を包含している。しかしそれはごく近代のことであって、日清戦争以前の本来の日本人を生育して来た気候はだいたいにおいて温帯のそれであった。そうしていわゆる温帯の中での最も寒い地方から最も暖かい地方までのあらゆる段階を細かく具備し包含している。こういうふうに、互いに相容《あいい》れうる範囲内でのあらゆる段階に分化された諸相がこの狭小な国土の中に包括されているということはそれだけでもすでに意味の深いことである。たとえばあの厖大なアフリカ大陸のどの部分にこれだけの気候の多様な分化が認められるであろうかを想像してみるといいいと思う。

温帯の特徴は季節の年週期である。熱帯ではわれわれの考えるような季節という概念のほとんど成立しない土地が多い。南洋では年じゅう夏の島がある、インドなどの季節風交代による雨期乾期のごときものも温帯における春夏秋冬の循環とはかなりかけ離れたむしろ「規則正しい長期の天気変化」とでも名づけたいものである。しかし「天気」という言葉もやはり温帯だけで意味をもつ言葉である。いろいろと予測し難い変化をすればこそ「天気」であろう。寒帯でも同様である。そこでは「昼夜」はあるが季節も天気もない。

温帯における季節の交代、天気の変化は人間の知恵を養成する。週期的あるいは非週期的に複雑な変化の相貌《そうぼう》を現わす環境に適応するためには人間は不断の注意と多様なくふうを要求されるからである。

そうした温帯の中でも日本はまた他の国と比べていろいろな特異性をもっている。そのおもな原因は日本が大陸の周縁であると同時にまた環海の島嶼《とうしょ》であるという事実に帰することができるようである。もっともこの点では英国諸島はきわめて類似の位置にあるが、しかし大陸の西側と東側とでは大気ならびに海流の循環の影響でいろいろな相違のあることが気候学者によってとうに注意されている。どちらかと言えば日本のように大陸の東側、大洋の西側の国は気候的に不利な条件にある。このことは朝鮮満州をそれと同緯度の西欧諸国と比べてみればわかると思う。ただ日本はその国土と隣接大陸との間にちょっとした海を隔てているおかげでシベリアの奥にある大気活動中心の峻烈《しゅんれつ》な支配をいくらか緩和された形で受けているのである。

比較的新しい地質時代まで日本が対馬のへんを通して朝鮮と陸続きになっていたことは象や犀《さい》の化石などからも証明されるようであるが、それと連関して、もしも対馬朝鮮の海峡をふさいでしまって暖流が日本海に侵入するのを防いだら日本の気候に相当顕著な変化が起こるであろうということは多くの学者の認めるところである、この一事から考えても日本の気候は、日本のごとき位置、日本のごとき水陸分布によって始めて可能であること、従って日本の気候が地球上のあらゆるいわゆる温帯の中でも全く独自なものであることが了解できるであろうと思われる。

このような理由から、日本の気候には大陸的な要素と海洋的な要素が複雑に交錯しており、また時間的にも、週期的季節的循環のほかに不規則で急激活発な交代が見られる。すなわち「天気」が多様でありその変化が頻繁である。

雨のふり方だけでも実にいろいろさまざまの降り方があって、それを区別する名称がそれに応じて分化している点でも日本はおそらく世界じゅう随一ではないかと思う。試みに「春雨」「五月雨《さみだれ》」「しぐれ」の適切な訳語を外国語に求めるとしたら相応な困惑を経験するであろうと思われる。「花曇り」「かすみ」「稲妻」などでも、それと寸分違わぬ現象が日本以外のいずれの国に見られるかも疑問である。たとえばドイツの「ウェッターロイヒテン」は稲妻と物理的にはほとんど同じ現象であってもそれは決して稲田の闇《やみ》を走らない。あらゆる付帯的気象条件がちがい従って人間の感受性に対するその作用は全然別物ではないかと思われるのである。

これに限らず、人間と自然を引っくるめた有機体における自然と人間の交渉はやはり有機的であるから、たとえ科学的気象学的に同一と見られるものでも、それに随伴する他要素の複合いかんによって全く別種の意義をもつのは言うまでもないことである。そういう意味で私は、「春雨」も

「秋風」も西洋にはないと言うのである、そうして、こういう語彙自身の中に日本人の自然観の諸断片が濃密に圧縮された形で包蔵されていると考えるのである。

日本における特異の気象現象中でも最も著しいものは台風であろう。これも日本の特殊な地理的位置に付帯した現象である。「野分《のわき》」「二百十日」こういう言葉も外国人にとっては空虚なただの言葉として響くだけであろう。

気候の次に重要なものは土地の起伏水陸の交錯による地形的地理的要素である。

日本の島環の成因についてはいろいろの学説がある。しかし日本の土地が言わば大陸の辺縁のもみ砕かれた破片であることには疑いないようである。このことは日本の地質構造、従ってそれに支配され影響された地形的構造の複雑多様なこと、錯雑の規模の細かいことと密接に連関している。実際日本の地質図を開いてそのいろいろの色彩に染め分けられたモザイックを、多くの他の大陸的国土の同尺度のそれと見比べてみてもこの特徴は想像するに難くない。このような地質的多様性はそれを生じた地殻運動のためにも、また地質の相違による二次的原因からも、きわめて複雑な地形の分布、水陸の交錯を生み出した、その上にこうした土地に固有な火山現象の頻出《ひんしゅつ》がさらにいっそうその変化に特有な異彩を添えたようである。

複雑な地形はまた居住者の集落の分布やその相互間の交通網の発達に特別な影響を及ぼさないではおかないのである。山脈や河流の交錯によって細かく区分された地形的単位ごとに小都市の萌芽が発達し、それが後日封建時代の割拠の基礎を作ったであろう。このような地形は漂泊的な民族的習性には適せず、むしろ民族を土着させる傾向をもっと思われる。そうして土着した住民は、その地形的特徴から生ずるあらゆる風土的特徴に適応しながら次第に分化しつつ各自の地方的特性を涵《かん》養《よう》して来たであろう。それと同時に各自の住み着いた土地への根強い愛着の念を培養して来たものであろう。かの茫漠たるステッペンやパンパスを漂浪する民族との比較を思い浮かべるときにこの日本の地形的特徴の精神的意義がいっそう明瞭に納得されるであろうと思われる。

この地質地形の複雑さの素因をなした過去の地質時代における地殻の活動は、現代においてもそのかすかな余響を伝えている。すなわち地震ならびに火山の現象である。

わずかに地震計に感じるくらいの地震ならば日本のどこかに一つ二つ起こらない日はまれであり、顕著あるいはやや顕著と称する地震の一つ二つ起こらない月はない。破壊的で壊家を生じ死傷者を出すようなのでも三四年も待てばきっと帝国領土のどこかに突発するものと思って間違いはない。この現象はわが国建国以来おそらく現代とほぼ同様な頻度をもって繰り返されて来たものであろう。日本書紀第十六巻に記録された、太子が鮪《しび》という男に与えた歌にも「ない」が現われており、またその二十九巻には天武天皇のみ代における土佐国大地震とそれに伴なう土地陥没の記録がある。地震によって惹起《じゃっき》される津波もまたしばしば、おそらく人間の一代に一つか二つぐらいずつは、大八州国《おおやしまのくに》のどこかの浦べを襲って少なからざる人畜家財を蕩尽《とうじん》したようである。

動かぬもののたとえに引かれるわれわれの足もとの大地が時として大いに震え動く、そういう体験を持ち伝えて来た国民と、そうでない国民とが自然というものに対する観念においてかなりに大きな懸隔を示しても不思議はないわけであろう。このように恐ろしい地殻活動の現象はしかし過去において日本の複雑な景観の美を造り上げる原動力となった大規模の地変のかすかな余韻であることを考えると、われわれは現在の大地のおりおりの動揺を特別な目で見直すこともできはしないかと思われる。

同じことは火山の爆発についても言われるであろう。そうして火山の存在が国民の精神生活に及ぼした影響も単に威圧的のものばかりではない。

日本の山水美が火山に負うところが多いということは周知のことである。国立公園として推された風景のうちに火山に関係したもののはなはだ多いということもすでに多くの人の指摘したところである。火山はしばしば女神に見立てられる。実際美しい曲線美の変化を見せない火山はないようである。火山そのものの姿が美しいのみならず、それが常に山と山との間の盆地を求めて噴出するために四周の景観に複雑多様な特色を付与する効果をもっているのである。のみならずまた火山の噴出は植物界を脅かす土壌の老朽に対して回春の効果をもたらすものとも考えられるのである。

このようにわれらの郷土日本においては脚下の大地は一方においては深き慈愛をもってわれわれを保育する「母なる土地」であると同時に、またしばしば刑罰の鞭《むち》をふるってわれわれのとかく遊惰に流れやすい心を引き緊《し》める「厳父」としての役割をも勤めるのである。厳父の厳と慈母の慈との配合よろしきを得た国がらにのみ人間の最高文化が発達する見込みがあるであろう。

地殻的構造の複雑なことはまた地殻の包蔵する鉱産物の多様と豊富を意味するが、同時にまたある特殊な鉱産物に注目するときはその産出額の物足りなさを感じさせることにもなるのである。石炭でも石油でも鉄でも出るには相応に出ても世界で著名なこれらのものの産地の産額に匹敵するものはないであろう。日本が鎖国として自給自足に甘んじているうちはとにかく世界の強国として乗り出そうとする場合に、この事実が深刻な影響を国是の上に及ぼして来るのである。それはとにかくこのようにいろいろのものが少しずつ備わっているということがあらゆる点で日本の自然の特色をなしているとも言われなくはない。

地震の現象でも大小の地震が不断になしくずしに起こっている代わりにたとえば中部アジアなどで起こるような非常に大規模な地震はむしろまれであるように思われる。この事はやはり前記の鉱産に関する所説と本質的に連関をもっているのである。すなわち、日本の地殻構造が細かいモザイックから成っており、他の世界の種々の部分を狭い面積内に圧縮したミニアチュアとでもいったような形態になっているためであろうと思われるのである。

地形の複雑なための二次的影響としては、距離から見ればいくらも離れていない各地方の間に微《ミクロ》気候学的《クリマトロジカル》な差別の多様性が生じる。ちょっとした山つづきの裏表では日照雨量従ってあらゆる気候要素にかなり著しい相違のあるということはだれも知るとおりである。その影響の最も目に見えるのはそうした地域の植物景観の相違である。たとえば信州へんでもある東西に走る渓流の南岸の斜面には北海道へんで見られるような闊葉樹林《かつようじゅりん》がこんもり茂っているのに、対岸の日表の斜面には南国らしい針葉樹交じりの粗林が見られることもある。

単に微気候学的差別のみならず、また地質の多様な変化による植物景観の多様性も日本の土地の相貌を複雑にするのである。たとえば風化せる花崗岩《かこうがん》ばかりの山と、浸蝕のまだ若い古生層の山とでは山の形態のちがう上にそれを飾る植物社会に著しい相違が目立つようである。火山のすそ野でも、土地が灰砂でおおわれているか、熔岩《ようがん》を露出しているかによってまた噴出年代の新旧によってもおのずからフロラの分化を見せているようである。

近ごろ中井博士の「東亜植物」を見ていろいろ興味を感じたことの中でも特におもしろいと思ったことは、日本各地の植物界に、東亜の北から南へかけてのいろいろな国土の植物がさまざまに入り込み入り乱れている状況である、これも日本という国の特殊な地理的位置によって説明され理解さるべき現象であろう。中にはまた簡単には説明されそうもない不思議な現象もある。たとえば信州の山地にある若干の植物は満州朝鮮と共通であって、しかも本州の他のいずれの地にも見られないといったような事実があるそうである。それからまた、日本では夢にも見つかろうとは思われなかった珍奇な植物「ヤッコソウ」のようなものが近ごろになって発見されたというような事実もある。これらの事実は植物に関することであるが、しかしまた、日本国民を組成しているいろいろな人種的民族的要素の出所とその渡来の経路を考察せんとする人々にとってはこの植物界の事実が非常に意味の深い暗示の光を投げかけるものと言わなければならない。

天然の植物の多様性と相対して日本の農作物の多様性もまた少なくも自分の目で見た西欧諸国などとは比較にならないような気がするのである。もっともこれは人間の培養するものであるから、国民の常食が肉食と菜食のどちらに偏しているかということにもより、また土地に対する人口密度にも支配されることであるが、しかしいずれにしても、作ろうと思えば大概のものは日本のどこかに作り得られるという事実の根底には、やはり気候風土の多様性という必須条件が具備していなければならない道理であろう。

農作物の多様性はまた日本のモザイック的景観をいろいろに色どりくまどっている。地形の複雑さは大農法を拒絶させ田畑の輪郭を曲線化し、その高低の水準を細かな段階に刻んでいる。ソビエトロシアの映画監督が「日本」のフィルムを撮って露都で公開したとき、猫の額のような稲田の小区画に割拠して働く農夫の仕事を見て観衆がふき出して笑ったという話である。それを気にして国辱と思っている人もあるようである。しかし「原大陸」の茫漠《ぼうばく》たる原野以外の地球の顔を見たことのないスラヴの民には「田ごとの月」の深甚《しんじん》な意義がわかろうはずはないのである。日本人をロシア人と同じ人間と考えようとする一部の思想家たちの非科学的な根本的錯誤の一つをここにも見ることができるであろう。

稲田桑畑芋畑の連なる景色を見て日本国じゅう鋤鍬《すきくわ》の入らない所はないかと思っていると、そこからいくらも離れない所には下草の茂る雑木林があり河畔の荒蕪地《こうぶち》がある。汽車に乗ればやがて斧《ふ》鉞《えつ》のあとなき原始林も見られ、また野草の花の微風にそよぐ牧場も見られる。雪渓に高山植物を摘み、火口原の砂漠に矮草《わいそう》の標本を収めることも可能である。

同種の植物の分化の著しいことも相当なものである。夏休みに信州の高原に来て試みに植物図鑑などと引き合わせながら素人流に草花の世界をのぞいて見ても、形態がほとんど同じであって、しかも少しずつ違った特徴をもった植物の大家族といったようなものが数々あり、しかも一つの家族から他の家族への連鎖となり橋梁《きょうりょう》となるかと思われるようなものにも乏しくない。つつじの種類だけでもその分化の多様なことは日本が随一で中でも信州が著しいという話である。

話は植物の話である。しかしこのような植物の多様な分化を生ぜしめたその同じ気候風土の環境の多様性が日本人という人間の生理を通してその心理の上にまでも何かしら類似の多様性を分化させるような効果をもたないで済むものであろうか。これは少なくも慎重な吟味を加えた後でなければ軽率に否定し去ることのできない問題であろう。のみならず、その環境によって生まれた自然の多様性がさらにまた二次的影響として上記の一次的効果に参加することも忘れてはならないのである。

植物界は動物界を支配する。不毛の地に最初の草の種が芽を出すと、それが昆虫を呼び、昆虫が鳥を呼び、その鳥の糞粒《ふんりゅう》が新しい植物の種子を輸入する、そこにいろいろの獣類が移住を始めて次第に一つの「社会」が現出する。日本における植物界の多様性はまたその包蔵する動物界の豊富の可能性を指示するかと思われる。

試みに反対の極端の例をあげてみると、あの厖大な南極大陸の上にすむ「陸棲動物」の中で最大なるものは何か、という人困らせの疑問に対する正しい解答は「それは羽のない一種の蚊である」というのである。こんな国土もあることを考えると、われわれは蚊もいるが馬も牛もおり、しかも虎や獅子のいない日本に生まれたことの幸福を充分に自覚してもいいのである。

今私は浅間山のふもとの客舎で、この原稿を書きながらうぐいすやカッコウやホトトギスやいろいろのうたい鳥の声に親しんでいる。きじらしい声も聞いた。クイナらしい叩音《こうおん》もしばしば半夜の夢に入った。これらの鳥の鳴き声は季節の象徴として昔から和歌や俳句にも詠ぜられている。また、日本はその地理的の位置から自然にいろいろな渡り鳥の通路になっているので、これもこの国の季節的景観の多様性に寄与するところがはなはだ多い。雁《がん》やつばめの去来は昔の農夫には一種の暦の役目をもつとめたものであろう。

野獣の種類はそれほど豊富ではないような気がする。これは日本が大陸と海で切り離されているせいではないかと思われる。地質時代に朝鮮と陸続きになっていたころに入り込んでいた象や犀《さい》などはたぶん気候の変化のために絶滅して今ではただ若干の化石を残している。

朝鮮にいる虎が気候的にはそんなに違わない日本にいないのはどういうわけであるか、おそらく日本の地が大陸と分離した後になってこの動物が朝鮮半島に入り込んで来たのではないかと思われる。猫は平安朝に朝鮮から舶来したと伝えられている。北海道のひぐまも虎と同様で、東北日本の陸地の生まれたとき津軽海峡はおそらく陸でつながっていたのではないかと思われるが、それがその後の地変のために切断してそれが潮流のために広く深く掘りえぐられた、それから後にどこかからひぐまが蝦夷地《えぞち》に入り込んで来たのではないかと想像される。四国にはきつねがいないということがはたして事実ならばこれも同様な地史的意義をもつかもしれない。それはとにかく日本が大陸にきわめて接近していながら、しかも若干の海峡で大陸と切り離されているという特殊の地理的条件のために日本のファウナがどういう影響を受けているかということは上記の雑多な事実からも了解されるであろう。

昔は鹿や猿がずいぶん多くて狩猟の獲物を豊富に供給したらしいことは、たとえば古事記の雄略天皇のみ代からも伝わっている。しかし人口の増殖とともに獲物が割合に乏しくなり、その事が農業の発達に反映したということも可能である。それが仏教の渡来ということもあいまってわが国におけるこれらのゲームの絶滅をかろうじて阻止することができたのかもしれない。

水産生物の種類と数量の豊富なことはおそらく世界の他のいかなる部分にもたいしてひけを取らないであろうと思われる。これは一つには日本の海岸線が長くて、しかも広い緯度の範囲にわたっているためもあるが、さらにまたいろいろな方向からいろいろな温度塩分ガス成分を運搬して沿岸を環流しながら相錯雑する暖流寒流の賜物である。これらの海流はこのごとく海の幸をもたらすと同時にまたわが国の気候に第二次的影響を及ぼして陸の幸をも支配する因子となっているようである。

先住民族は貝塚を残している。彼らの漁場はただ浜べ岸べに限られていたであろうが、船と漁具との発達は漁場を次第に沖のほうに押し広げ同時に漁獲物の種類を豊富にした。今では発動機船に冷蔵庫と無電装置を載せて陸岸から千海里近い沖までも海の幸の領域を拡張して行った。

魚貝のみならずいろいろな海草が国民日常の食膳をにぎわす、これらは西洋人の夢想もしないようないろいろのビタミンを含有しているらしい。また海胆《うに》や塩辛《しおから》類の含有する回生の薬物についても科学はまだ何事をも知らないであろう。肝油その他の臓器製薬の効能が医者によって認められるより何百年も前から日本人は鰹《かつお》の肝を食い黒鯛の胆《きも》を飲んでいたのである。

これを要するに日本の自然界は気候学的・地形学的・生物学的その他あらゆる方面から見ても時間的ならびに空間的にきわめて多様多彩な分化のあらゆる段階を具備し、そうした多彩の要素のスペクトラが、およそ考え得らるべき多種多様な結合をなしてわが邦土を色どっており、しかもその色彩は時々刻々に変化して自然の舞台を絶え間なく活動させているのである。

このような自然の多様性と活動性とは、そうした環境の中に保育されて来た国民にいかなる影響を及ぼすであろうか、ということはあまり多言を費やさずとも明白なことであろう。複雑な環境の変化に適応せんとする不断の意識的ないし無意識的努力はその環境に対する観察の精微と敏捷を招致し養成するわけである。同時にまた自然の驚異の奥行きと神秘の深さに対する感覚を助長する結果にもなるはずである。自然の神秘とその威力を知ることが深ければ深いほど人間は自然に対して従順になり、自然に逆らう代わりに自然を師として学び、自然自身の太古以来の経験をわが物として自然の環境に適応するように務めるであろう。前にも述べたとおり大自然は慈母であると同時に厳父である。厳父の厳訓に服することは慈母の慈愛に甘えるのと同等にわれわれの生活の安寧を保証するために必要なことである。

人間の力で自然を克服せんとする努力が西洋における科学の発達を促した。何ゆえに東洋の文化国日本にどうしてそれと同じような科学が同じ歩調で進歩しなかったかという問題はなかなか複雑な問題であるが、その差別の原因をなす多様な因子の中の少なくも一つとしては、上記のごとき日本の自然の特異性が関与しているのではないかと想像される。すなわち日本ではまず第一に自然の慈母の慈愛が深くてその慈愛に対する欲求が満たされやすいために住民は安んじてそのふところに抱かれることができる、という一方ではまた、厳父の厳罰のきびしさ恐ろしさが身にしみて、その禁制にそむき逆らうことの不利をよく心得ている。その結果として、自然の充分な恩恵を甘受すると同時に自然に対する反逆を断念し、自然に順応するための経験的知識を集収し蓄積することをつとめて来た。この民族的な知恵もたしかに一種のワイスハイトであり学問である。しかし、分析的な科学とは類型を異にした学問である。

たとえば、昔の日本人が集落を作り架構を施すにはまず地を相することを知っていた。西欧科学を輸入した現代日本人は西洋と日本とで自然の環境に著しい相違のあることを無視し、従って伝来の相地の学を蔑視して建てるべからざる所に人工を建設した。そうして克服し得たつもりの自然の厳父のふるった鞭《むち》のひと打ちで、その建設物が実にいくじもなく壊滅する、それを眼前に見ながら自己の錯誤を悟らないでいる、といったような場合が近ごろ頻繁に起こるように思われる。昭和九年十年の風水害史だけでもこれを実証して余りがある。

西欧諸国を歩いたときに自分の感じたことの一つは、これらの国で自然の慈母の慈愛が案外に欠乏していることであった。洪積期の遺物と見られる泥炭地や砂地や、さもなければはげた岩山の多いのに驚いたことであったが、また一方で自然の厳父の威厳の物足りなさも感ぜられた。地震も台風も知らない国がたくさんあった。自然を恐れることなしに自然を克服しようとする科学の発達には真に格好の地盤であろうと思われたのである。

こうして発達した西欧科学の成果を、なんの骨折りもなくそっくり継承した日本人が、もしも日本の自然の特異性を深く認識し自覚した上でこの利器を適当に利用することを学び、そうしてただされ豊富な天恵をいっそう有利に享有すると同時にわが国に特異な天変地異の災禍を軽減し回避するように努力すれば、おそらく世界じゅうでわが国ほど都合よくできている国はまれであろうと思われるのである。しかるに現代の日本ではただ天恵の享楽にのみ夢中になって天災の回避のほうを全然忘れているように見えるのはまことに惜しむべきことと思われる。

以上きわめて概括的に日本の自然の特異性について考察したつもりである。それで次にかくのごとき自然にいだかれた日本人がその環境に応じていかなる生活様式をとって来たかということを考えてみたいと思う。

日本人の日常生活

まず衣食住の中でもいちばんだいじな食物のことから考えてみよう。

太古の先住民族や渡来民族は多く魚貝や鳥獣の肉を常食としていたかもしれない。いつの時代にか南洋またはシナからいろいろな農法が伝わり、一方ではまた肉食を忌む仏教の伝播《でんぱ》とともに菜食が発達し、いつとなく米穀が主食物となったのではないかというのはだれにも想像されることである。しかしそうした農業がわが国の風土にそのまま適していたか、少なくも次第に順応しつつ発達しうるものであったということがさらに根本的な理由であることを忘れてはならない。

「さかな」の「な」は菜でもあり魚でもある。副食物は主として魚貝と野菜である。これはこの二つのものの種類と数量の豊富なことから来る自然の結果であろう。またそれらのものの比較的新鮮なものが手に入りやすいこと、あるいは手に入りやすいような所に主要な人口が分布されたこと、その事実の結果が食物の調理法に特殊な影響を及ぼしているかと思われる。よけいな調味で本来の味を掩蔽《えんぺい》するような無用の手数をかけないで、その新鮮な材料本来の美味を、それに含まれた貴重なビタミンとともに、そこなわれない自然のままで摂取するほうがいちばん快適有効であることを知っているのである。

中央アジアの旅行中シナの大官からごちそうになったある西洋人の紀行中の記事に、数十種を算する献立のどれもこれもみんな一様な黴《かび》のにおいで統括されていた、といったようなことを書いている。

もう一つ日本人の常食に現われた特性と思われるのは、食物の季節性という点に関してであろう。俳諧歳時記を繰ってみてもわかるように季節に応ずる食用の野菜魚貝の年週期的循環がそれだけでも日本人の日常生活を多彩にしている。年じゅう同じように貯蔵した馬鈴薯《ばれいしょ》や玉ねぎをかじり、干物塩物や、季節にかまわず豚や牛ばかり食っている西洋人やシナ人、あるいはほとんど年じゅう同じような果実を食っている熱帯の住民と、「はしり」を喜び「しゅん」を貴《たっと》ぶ日本人とはこうした点でもかなりちがった日常生活の内容をもっている。このちがいは決してそれだけでは済まない種類のちがいである。

衣服についてもいろいろなことが考えられる。菜食が発達したとほぼ同様な理由から植物性の麻布綿布が主要な資料になり、毛皮や毛織りが輸入品になった。綿布麻布が日本の気候に適していることもやはり事実であろうと思われる。養蚕が輸入されそれがちょうどよく風土に適したために、後には絹布が輸出品になったのである。

衣服の様式は少なからずシナの影響を受けながらもやはり固有の気候風土とそれに準ずる生活様式に支配されて固有の発達と分化を遂げて来た。近代では洋服が普及されたが、固有な和服が跡を絶つ日はちょっと考えられない。たとえば冬湿夏乾の西欧に発達した洋服が、反対に冬乾夏湿の日本の気候においても和服に比べて、その生理的効果がすぐれているかどうかは科学的研究を経た上でなければにわかに決定することができない。しかし、日本へ来ている西洋人が夏は好んで浴衣《ゆかた》を着たり、ワイシャツ一つで軽井沢の町を歩いたりすることだけを考えても、和服が決して不合理なものばかりでないということの証拠がほかにもいろいろ捜せば見つかりそうに思われる。しかしおかしい事には日本の学者でまだ日本服の気候学的物理的生理的の意義を充分詳細に研究し尽くした人のあることを聞かないようである。これは私の寡聞のせいばかりではないらしい。そういう事を研究することを喜ばないような日本現時の不思議な学風がそういう研究の出現を阻止しているのではないかと疑われる。

余談ではあるが、先日田舎《いなか》で農夫の着ている簑《みの》を見て、その機構の巧妙と性能の優秀なことに今さらに感心した。これも元はシナあたりから伝来したものかもしれないが、日本の風土に適合したために土着したものであろう。空気の流通がよくてしかも雨やあらしの侵入を防ぐという点では、バーベリーのレーンコートよりもずっとすぐれているのではないかという気がする。あれも天然の設計に成る鳥獣の羽毛の機構を学んで得たインジェニュイティーであろうと想像される。それが今日ではほとんど博物館的存在になってしまった。

日本の家屋が木造を主として発達した第一の理由はもちろん至るところに繁茂した良材の得やすいためであろう、そうして頻繁な地震や台風の襲来に耐えるために平家造りか、せいぜい二階建てが限度となったものであろう。五重の塔のごときは特例であるが、あれの建築に示された古人の工学的才能は現代学者の驚嘆するところである。

床下の通風をよくして土台の腐朽を防ぐのは温湿の気候に絶対必要で、これを無視して造った文化住宅は数年で根太《ねだ》が腐るのに、田舎の旧家には百年の家が平気で立っている。ひさしと縁側を設けて日射と雨雪を遠ざけたりしているのでも日本の気候に適応した巧妙な設計である。西洋人は東洋暖地へ来てやっとバンガローのベランダ造りを思いついたようである。

障子というものがまた存外巧妙な発明である。光線に対しては乳色ガラスのランプシェードのように光を弱めずに拡散する効果があり、風に対してもその力を弱めてしかも適宜な空気の流通を調節する効果をもっている。

日本の家は南洋風で夏向きにできているから日本人は南洋から来たのだという説を立てた西洋人がいた。原始的にはあるいは南洋に系統を引いていないとも限らないであろうが、しかしたとえそうであっても現時の日本家屋は日本の気候に適合するように進化し、また日本の各地方でそれぞれの気候的特徴に応じて多少ずつは分化した発達をも遂げて来ている。屋根の勾配《こうばい》やひさしの深さなどでも南国と北国とではいくらかそれぞれに固有な特徴が見られるように思われる。

近来は鉄筋コンクリートの住宅も次第にふえるようである。これは地震や台風や火事に対しては申しぶんのない抵抗力をもっているのであるが、しかし一つ困ることはあの厚い壁が熱の伝導をおそくするためにだいたいにおいて夏の初半は屋内の湿度が高く冬の半分は乾燥がはげしいという結果になる。西欧諸国のように夏が乾期で冬が湿期に相当する地方だとちょうどいいわけであるが、日本はちょうど反対で夏はただささえ多い湿気が室内に入り込んで冷却し相対湿度を高めたがっているのであるから、屋内の壁の冷え方がひどければひどいほど飽和がひどくなってコンクリート壁は一種の蒸留器の役目をつとめるようなことになりやすい。冬はまさにその反対に屋内の湿気は外へ根こそぎ絞り取られる勘定である。

日本では、土壁の外側に羽目板を張ったくらいが防寒防暑と湿度調節とを両立させるという点から見てもほぼ適度な妥協点をねらったものではないかという気がする。

台湾のある地方では鉄筋コンクリート造りの鉄筋がすっかり腐蝕して始末に困っているという話である。内地でもいつかはこの種の建築物の保存期限が切れるであろうが、そうした時の始末が取り越し苦労の種にはなりうるであろう。コンクリート造りといえども長い将来の間にまだ幾多の風土的な試練を経た上で、はじめてこの国土に根をおろすことになるであろう。試験はこれからである。

住居に付属した庭園がまた日本に特有なものであって日本人の自然観の特徴を説明するに格好な事例としてしばしば引き合いに出るものである。西洋人は自然を勝手に手製の鋳型にはめて幾何学的な庭を造って喜んでいるのが多いのに、日本人はなるべく山水の自然をそこなうことなしに住居のそばに誘致し自分はその自然の中にいだかれ、その自然と同化した気持ちになることを楽しみとするのである。

シナの庭園も本来は自然にかたどったものではあろうが、むやみに奇岩怪石を積み並べた貝細工の化け物のようなシナふうの庭は、多くの純日本趣味の日本人の目には自然に対する変態心理者の暴行としか見えないであろう。

盆栽生け花のごときも、また日本人にとっては庭園の延長でありまたある意味で圧縮でもある。箱庭は言葉どおりに庭園のミニアチュアである。床の間に山水花鳥の掛け物をかけるのもまたそのバリアチオンと考えられなくもない。西洋でも花瓶に花卉《かき》を盛りバルコンにゼラニウムを並べ食堂に常緑樹を置くが、しかし、それは主として色のマッスとしてであり、あるいは天然の香水びんとしてであるように見える。「枝ぶり」などという言葉もおそらく西洋の国語には訳せない言葉であろう。どんな裏店《うらだな》でも朝顔の鉢ぐらいは見られる。これが見られる間は、日本人は西洋人にはなりきれないし、西洋の思想やイズムはそのままの形では日本の土に根をおろしきれないであろうとは常々私の思うことである。

日本人の遊楽の中でもいわゆる花見遊山はある意味では庭園の拡張である。自然を庭に取り入れる彼らはまた庭を山野に取り広げるのである。

月見をする。星祭りをする。これも、少し無理な言い方をすれば庭園の自然を宇宙空際にまで拡張せんとするのであると言われないこともないであろう。

日本人口の最大多数の生産的職業がまた植物の栽培に関しているという点で庭園的な要素をもっている。普通な農作のほかに製茶製糸養蚕のごときものも、鉱業や近代的製造工業のごときものに比較すればやはり庭園的である。風にそよぐ稲田、露に浴した芋畑を自然観賞の対象物の中に数えるのが日本人なのである。

農業者はまたあらゆる職業者の中でも最も多く自然の季節的推移に関心をもち、自然の異常現象を恐れるものである。この事が彼らの不断の注意を自然の観察にふり向け、自然の命令に従順に服従することによってその厳罰を免れその恩恵を享有するように努力させる。

反対の例を取ってみるほうがよくわかる。私の知人の実業家で年じゅう忙しい人がある。この人にある時私は眼前の若葉の美しさについての話をしたら、その人は、なるほど今は若葉時かと言ってはじめて気がついたように庭上を見渡した。忙しい忙しいで時候が今どんなだかそんなことを考えたりする余裕はないということであった。こういう人ばかりであったら農業は成立しない。

津々浦々に海の幸《さち》をすなどる漁民や港から港を追う水夫船頭らもまた季節ごとに日々の天候に対して敏感な観察者であり予報者でもある。彼らの中の古老は気象学者のまだ知らない空の色、風の息、雲のたたずまい、波のうねりの機微なる兆候に対して尖鋭な直観的洞察力をもっている。長い間の命がけの勉強で得た超科学的の科学知識によるのである。それによって彼らは海の恩恵を受けつつ海の禍《わざわい》を避けることを学んでいるであろう。それで、生活に追われる漁民自身は自覚的には海の自然を解説することはしないとしても、彼らを通して海の自然が国民の大多数の自然観の中に浸潤しつつ日本人固有の海洋観を作り上げたものであろう。そうしてさらにまた山幸彦《やまさちひこ》・海幸彦《うみさちひこ》の神話で象徴されているような海陸生活の接触混合が大八州《おおやしま》国の住民の対自然観を多彩にし豊富にしたことは疑いもないことである。

以上述べきたったような日本の自然の特異性またそれによって規約された日本人の日常生活の特異性はその必然の効果を彼らの精神生活に及ぼさなければならないはずである。この方面に関しては私ははなはだ不案内であるが上述の所説の行きがかり上少しばかり蛇足を加えることを許されたい。

単調で荒涼な砂漠の国には一神教が生まれると言った人があった。日本のような多彩にして変幻きわまりなき自然をもつ国で八百万《やおよろず》の神々が生まれ崇拝され続けて来たのは当然のことであろう。山も川も木も一つ一つが神であり人でもあるのである。それをあがめそれに従うことによってのみ生活生命が保証されるからである。また一方地形の影響で住民の定住性土着性が決定された結果は至るところの集落に鎮守の社を建てさせた。これも日本の特色である。

仏教が遠い土地から移植されてそれが土着し発育し持続したのはやはりその教義の含有するいろいろの因子が日本の風土に適応したためでなければなるまい。思うに仏教の根底にある無常観が日本人のおのずからな自然観と相調和するところのあるのもその一つの因子ではないかと思うのである。鴨長明《かものちょうめい》の方丈記を引用するまでもなく地震や風水の災禍の頻繁でしかも全く予測し難い国土に住むものにとっては天然の無常は遠い遠い祖先からの遺伝的記憶となって五臓六腑《ごぞうろっぷ》にしみ渡っているからである。

日本において科学の発達がおくれた理由はいろいろあるであろうが、一つにはやはり日本人の以上述べきたったような自然観の特異性に連関しているのではないかと思われる。雨のない砂漠の国では天文学は発達しやすいが多雨の国ではそれが妨げられたということも考えられる。前にも述べたように自然の恵みが乏しい代わりに自然の暴威のゆるやかな国では自然を制御しようとする欲望が起こりやすいということも考えられる。全く予測し難い地震台風に鞭《むち》打たれつづけている日本人はそれら現象の原因を探究するよりも、それらの災害を軽減し回避する具体的方策の研究にその知恵を傾けたもののように思われる。おそらく日本の自然は西洋流の分析的科学の生まれるためにはあまりに多彩であまりに無常であったかもしれないのである。

現在の意味での科学は存在しなかったとしても祖先から日本人の日常における自然との交渉は今の科学の目から見ても非常に合理的なものであるという事は、たとえば日本人の衣食住について前条で例示したようなものである。その合理性を「発見」し「証明」する役目が将来の科学者に残された仕事の分野ではないかという気もするのである。

ともかくも日本で分析科学が発達しなかったのはやはり環境の支配によるものであって、日本人の頭脳の低級なためではないということはたしかであろうと思う。その証拠には日本古来の知恵を無視した科学が大恥をかいた例は数えれば数え切れないほどあるのである。

日本人の精神生活の諸現象の中で、何よりも明瞭に、日本の自然、日本人の自然観、あるいは日本の自然と人とを引きくるめた一つの全機的な有機体の諸現象を要約し、またそれを支配する諸方則を記録したと見られるものは日本の文学や諸芸術であろう。

記紀を文学と言っては当たらないかもしれないが、たとえばその中に現われた神話中に暗示された地球物理的現象の特異性についてはかつて述べたことがあるから略する。

おとぎ話や伝説口碑のようなものでも日本の自然とその対人交渉の特異性を暗示しないものはないようである。源氏物語や枕草子などをひもといてみてもその中には「日本」のあらゆる相貌《そうぼう》を指摘する際に参考すべき一種の目録書きが包蔵されている事を認めることができるであろう。

こういう点で何よりも最も代表的なものは短歌と俳句であろう。この二つの短詩形の中に盛られたものは、多くの場合において、日本の自然と日本人との包含によって生じた全機的有機体日本が最も雄弁にそれ自身を物語る声のレコードとして見ることのできるものである。これらの詩の中に現われた自然は科学者の取り扱うような、人間から切り離した自然とは全く趣を異にしたものである。また単に、普通にいわゆる背景として他所から借りて来て添加したものでもない。人は自然に同化し、自然は人間に消化され、人と自然が完全な全機的な有機体として生き動くときにおのずから発する楽音のようなものであると言ってもはなはだしい誇張ではあるまいと思われるのである。西洋人の詩にも漢詩にも、そうした傾向のものがいくらかはあるかもしれないが、浅学な私の知る範囲内では、外国の詩には自我と外界との対立がいつもあまりに明白に立っており、そこから理屈《フィロソフィー》が生まれたり教訓《モラール》が組み立てられたりする。万葉の短歌や蕉門《しょうもん》の俳句におけるがごとく人と自然との渾然《こんぜん》として融合したものを見いだすことは私にははなはだ困難なように思われるのである。

短歌俳諧に現われる自然の風物とそれに付随する日本人の感覚との最も手近な目録索引としては俳諧歳時記がある。俳句の季題と称するものは俳諧の父なる連歌を通して歴史的にその来歴を追究して行くと枕草子や源氏物語から万葉の昔にまでもさかのぼることができるものが多数にあるようである。私のいわゆる全機的世界の諸断面の具象性を決定するに必要な座標としての時の指定と同時にまた空間の標示として役立つものがこのいわゆる季題であると思われる。もちろん短歌の中には無季題のものも決して少なくはないのであるが、一首一首として見ないで、一人の作者の制作全体を通じて一つの連作として見るときには、やはり日本人特有の季題感が至るところに横溢していることが認められるであろうと思われる。

枕詞《まくらことば》と称する不思議な日本固有の存在についてはまだ徹底的な説明がついていないようである。この不思議を説明するかぎの一つが上述の所説からいくらか暗示されるような気がする。統計を取ってみたわけではないが、試みに枕詞の語彙を点検してみると、それ自身が天然の景物を意味するような言葉が非常に多く、中にはいわゆる季題となるものも決して少なくない。それらが表面上は単なる音韻的な連鎖として用いられ、悪く言えば単なる言葉の遊戯であるかのごとき観を呈しているにかかわらず、実際の効果においては枕詞の役目が決して地口やパンのそれでないことは多くの日本人の疑わないところである。しかしそれが何ゆえにそうであるかの説明は容易でない。私のひそかに考えているところでは、枕詞がよび起こす連想の世界があらかじめ一つの舞台装置を展開してやがてその前に演出さるべき主観の活躍に適当な環境を組み立てるという役目をするのではないかと思われる。換言すればある特殊な雰囲気をよび出すための呪文《じゅもん》のような効果を示すのではないかと思われる。しかし、この呪文は日本人のごとき特異な自然観の所有者に対してのみ有効な呪文である。自然を論理的科学的な立場から見ることのみを知ってそれ以外の見方をすることの可能性に心づかない民族にとっては、それは全くのナンセンスであり悪趣味でさえもありうるのである。

こんなことを考えただけでも、和歌を外国語に翻訳しただけで外国人に味わわせようという試みがいかに望み少ないものであるかを了解することができるであろう。また季題なしの新俳句を製造しようとするような運動がいかに人工的なものであるかを悟ることができるであろうと思われる。

日本人の特異な自然観の特異性をある一方面に分化させ、その方向に異常な発達を遂げさせたものは一般民衆の間における俳諧発句《はいかいほっく》の流行であったと思われる。かえってずっと古い昔には民衆的であったかと思われる短歌が中葉から次第に宮廷人の知的遊戯の具となりあるいは僧侶の遁世哲学を諷詠《ふうえい》するに格好な詩形を提供していたりしたのが、後に連歌という形式から一転して次第にそうした階級的の束縛を脱しいわゆる俳諧から発句に進化したために著しくその活躍する世界を拡張して詩材の摂取範囲を豊富にした。それと同時にまた古来の詩人によって養われ造り上げられて来た日本固有の自然観を広く一般民衆の間に伝播《でんぱ》するという効果を生じたであろうと想像される。俳句を研究してある程度まで理解しているあるフランス人に言わせると日本人は一人残らずみんな詩人であるという。これは単に俳句の詩形が短くてだれでもまねやすいためであり、単にそれだけであると思ってはならない。そういう詩形を可能ならしめる重大な原理がまさに日本人の自然観の特異性の中に存し、その上に立脚しているという根本的な事実を見のがしてはならない。そういう特異な自然観が国民全体の間にしみ渡っているという必須条件が立派に満足されているという事実を忘却してはならないのである。

短歌や俳句が使い古したものであるからというだけの単純な理由からその詩形の破棄を企て、内容の根本的革新を夢みるのもあえてとがむべき事ではないとしても、その企図に着手する前に私がここでいわゆる全機的日本の解剖学と生理学を充分に追究し認識した上で仕事に取り掛からないと、せっかくな企図があるいはおそらく徒労に終わるのではないかと憂慮されるのである。

美術工芸に反映した日本人の自然観の影響もまた随所に求めることができるであろう。

日本の絵画には概括的に見て、仏教的漢詩的な輸入要素のほかに和歌的なものと俳句的なものの三角形的な対立が認められ、その三角で与えられるような一種の三角座標をもってあらゆる画家の位置を決定することができそうに思われる。たとえば狩野派・土佐派・四条派をそれぞれこの三角の三つの頂点に近い所に配置して見ることもできはしないか。

それはいずれにしてもこれらの諸派の絵を通じて言われることは、日本人が輸入しまた創造しつつ発達させた絵画は、その対象が人間であっても自然であっても、それは決して画家の主観と対立した客観のそれではなく両者の結合し交錯した全機的な世界自身の表現であるということである。西洋の画家が比較的近年になって、むしろこうした絵画に絵画本来の使命があるということを発見するようになったのは、従来の客観的分析的絵画が科学的複製技術の進歩に脅かされて窮地に立った際、偶然日本の浮世絵などから活路を暗示されたためだという説もあるようである。

次に音楽はどうであるか。日本の民衆音楽中でも、歌詞を主としない、純粋な器楽に近いものとしての三曲のごときも、その表現せんとするものがしばしば自然界の音であり、また楽器の妙音を形容するために自然の物音がしばしば比較に用いられる。日本人は音を通じても自然と同化することを意図としているようにも思われる。

結語

以上の所説を要約すると、日本の自然界が空間的にも時間的にも複雑多様であり、それが住民に無限の恩恵を授けると同時にまた不可抗な威力をもって彼らを支配する、その結果として彼らはこの自然に服従することによってその恩恵を充分に享楽することを学んで来た、この特別な対自然の態度が日本人の物質的ならびに精神的生活の各方面に特殊な影響を及ぼした、というのである。

この影響は長所をもつと同時にその短所をももっている。それは自然科学の発達に不利であった。また芸術の使命の幅員を制限したというとがめを受けなければならないかもしれない。しかし、それはやむを得ないことであった。ちょうど日本の風土と生物界とがわれわれの力で自由にならないと同様にどうにもならない自然の現象であったのである。

地理的条件のために長い間鎖国状態を保って来た日本がようやく世界の他の部分と接触するようになったのは一つには科学の進歩によって交通機関が次第に発達したおかげであるとも見られる。実際交通機関の発達は地球の大いさを縮め、地理的関係に深甚《しんじん》な変化を与えた。ある遠い所がある近い所よりも交通的には近くなったりして、言わば空間がねじれゆがんで来た。距離の尺度と時間の尺度もいろいろに食いちがって来た。そうして人は千里眼順風耳を獲得し、かつて夢みていた鳥の翼を手に入れた。このように、自然も変わり人間も昔の人間とちがったものになったとすると、問題の日本人の自然観にもそれに相当してなんらかの変化をきたさなければならないように思われる。そうして、この新しい日本人が新しい自然に順応するまでにはこれから先相当に長い年月の修練を必要とするであろうと思われる。多くの失敗と過誤の苦い経験を重ねなければなるまいと思われる。現にそうした経験を今日われわれは至るところに味わいつつあるのである。

そうはいうものの、日本人はやはり日本人であり日本の自然はほとんど昔のままの日本の自然である。科学の力をもってしても、日本人の人種的特質を改造し、日本全体の風土を自由に支配することは不可能である。それにもかかわらずこのきわめて見やすい道理がしばしば忘れられる。西洋人の衣食住を模し、西洋人の思想を継承しただけで、日本人の解剖学的特異性が一変し、日本の気候風土までも入れ代わりでもするように思うのは粗忽《そこつ》である。

余談ではあるが、皮膚の色だけで、人種を区別するのもずいぶん無意味に近い分類である。人と自然とを合して一つの有機体とする見方からすればシナ人と日本人とは決してあまり近い人種ではないような気もする。また東洋人とひと口に言ってしまうのもずいぶん空虚な言葉である。東洋と称する広い地域の中で日本の風土とその国民とはやはり周囲と全くかけ離れた「島」を作っているのである。

私は、日本のあらゆる特異性を認識してそれを生かしつつ周囲の環境に適応させることが日本人の使命であり存在理由でありまた世界人類の健全な進歩への寄与であろうと思うものである。世界から桜の花が消えてしまえば世界はやはりそれだけさびしくなるのである。

（追記）　以上執筆中雑誌「文学」の八月特集号「自然の文学」が刊行された。その中には、日本の文学と日本の自然との関係が各方面の諸家によって詳細に論述されている。読者はそれらの有益な所説を参照されたい。またその巻頭に掲載された和辻哲郎《わつじてつろう》氏の「風土の現象」と題する所説と、それを序編とする同氏の近刊著書「風土」における最も独創的な全機的自然観を参照されたい。自分の上述の所説の中には和辻氏の従来すでに発表された自然と人間との関係についての多くの所論に影響されたと思われる点が少なくない。また友人小宮豊隆《こみやとよたか》・安倍能成《あべよししげ》両氏の著書から暗示を受けた点も多いように思われるのである。

なお拙著「蒸発皿《じょうはつざら》」に収められた俳諧や連句に関する所説や、「螢光板《けいこうばん》」の中の天災に関する諸編をも参照さるれば大幸である。

〔青空文庫＝底本『寺田寅彦随筆集　第五巻』岩波文庫、一九四八年刊＝より。ふりがなの一部を省いた。初出は『東洋思潮』昭和十年十月刊〕

ちゅらかさの伝統

岡本太郎

島には、ひろい世界への夢がある。それは伝統だ。すべてよいもの、驚きは晴ればれとひらけた海の彼方から送られてくる。水平線の向う、見えないひろがりに神秘と超現実の天地がある。神話はそれをギライカナイとよんだ。

だが恩恵ばかりではない。恐怖、災いも外からくる。台風、悪疫、外敵……。吉にせよ、凶にせよ、運命は波のうねりとともにこの小さい世界に迫ってくる。島のよろこびと悲しみの間には、いつでも海の水がひたひたと押しよせていた。

俗に島国根性という。日本人はよく、一種の負い目として、自嘲する。だがその運命を一だんと凝縮したような南海の島の人々には、意外にもそんな気配、狭さが感じられない。むしろ、大陸的といいたいのびやかさがある。

狭さ、ひろさということからいえば、今日、日本も沖縄もともに、素直に外に向ってひらかれている。むしろ大国といわれるアメリカやソ連、広大な大陸を占取する人々の考え方の方がはるかに狭量のようだ。われわれの負い目はむしろそれに対するコンプレックスではないか。頑なに己れの基準だけで他を律する閉された精神、ああいう無神経なほどの自己主張、自足は、とうていもちえない。いったい、われわれは立場を忘れて引きずり廻されるお人好しなのだろうか。……しかし、己れはまもらなければならない。

沖縄には「美《ちゅ》ら瘡《かさ》」という面白い言葉がある。天然痘のことだ。近ごろは病気自体がなくなったので、あまり使われないようだが。

どうして瘡が美しいのだろう。

折口信夫はこれについて、

「病いといえども（他界からくる神だから）一おうは讃め迎え、快く送り出す習しになっていたのである。……海の彼岸より遠来するものは、必ず善美なるものとして受け容れるのが、大なり小なり、われわれに持ち伝えた信じ方であった。」

と報告している。

適切な見方である。しかしそういう過ぎ去って行く神秘的なものに対する儀礼的な気分だけでは、この微妙な表現は解明しつくせない。もっと現実的な、一種のおそれをこめた弁証法的な表現がそこにある、と私は考えるのだ。

災いとか伝染病を美称でよぶのは、なるほど、ひどく矛盾のようだが、しかしかつての島の人には切実な意味があったに違いない。複雑な心情である。

外からくるものはいつも力としてやってきて、このモノトニーの世界に爪あとをのこす。それはよし悪しを抜きにして「貴重」なのである。だから畏れ敬って一おう無条件にむかえる。

だが何といっても、これは天然痘なのだ。決して好ましい客ではない。この凶悪に対し、彼らは無防備なのである。卑しめたり、粗末に扱えばタタリがひどいだろう。なだめすかして、なるべくおとなしく引き取ってもらわなければならない。

恐ろしいからこそ大事にする。人間が自然の気まぐれに対して無力であった時代、災禍をもたらす力は神聖視された。〝凶なる神聖〟である。それは〝幸いなる神聖〟と表裏である。幸と不幸がどこで断絶し、連続しているか、それが誰にわかるというのだろう。近代市民のように功利的に、吉と凶、善と悪、まるで白と黒のように、きっちり色分けして判断し処理することはできない。幸いはそのまま災いに転じ、災いは不断に幸いに隣りあわせしている。それはつねに転換し得る。

強烈に反撥し、対決してうち勝つなんていう危険な方法よりも、うやまい、奉り、巧みに価値転換して敬遠して行く。無防備な生活者の知恵であった。

私は現代沖縄の運命について考える。占領され、全島が基地化されている。ここはもはや沖縄であって沖縄ではない。当然それは民族にとっての言いようのない苦しみである。それは天然痘——もっと厄介である。残酷な実情について私たちはすでにいろいろ聞いている。反抗はもちろんある。たとえば先頃のアイク訪問の際、三十センチ間隔にずらりと着剣して構えたカービン銃の威嚇の前で、デモをかけた。そのような近代意識の上に立った政治行動は、現代沖縄の傷口の端的な叫びである。しかし、にもかかわらず多くの沖縄人の、あのやわらかい表情、運命的力に対して恭順に、無抵抗に見える態度の底には、チュラカサの伝統、災いをいんぎんに扱って送り出してしまうという、辛抱強い護身術が働いているのではないか。

＊

一夜、インターナショナル・ウィメンズ・クラブという琉米親善機関のパーティにさそわれた。民政府の裏側、那覇の町と港のきらめく灯を見おろす小高い丘の上に、その名もハーバーヴューというクラブハウスがある。ホールには、もうアメリカ人、沖縄人が入りまじり、思い思いのテーブルについて、アトラクションがはじまっていた。クラブというよりキャバレーといった感じである。人々は自由に席をたち、間を縫って会話していた。ひどく楽しげ。女の人たちもおうように、しかし軽やかな身ごなしでこのパーティの気分を柔かくもりあげている。日本のこういう場所で見られるような、控え目の固苦しさ、何か背筋をきゅっとシャッチョコばらした緊張がみじんもない。うちとけた雰囲気だ。

そんな中に小肥りの男が、沖縄人特有の、ややそり身に身体全体で調子をとるような歩き方で威勢よくホールに入ってくる。二、三歩あとから、中年の奥さんがチョコチョコと前こごみで、何かはじめてこんな社交の席に出てきた、という風についてくるのだが、そんなのも、かえってほほ笑ましくあたりの雰囲気にとけこんでしまう。

次から次へと民政府や軍のお偉方に紹介された。その度に、きまって相手はさっと名刺を差し出す。コレハひどく日本的だ、と思いながら、見ると全部が型どおりの縦位置で、肩書は漢字、名前は片仮名で刷ってある。

私が日本からきた芸術家だと聞くと、みんな嬉しい事件にでもぶつかったように、目を見ひらいて熱心に話しかけてくる。心からうちとけたほほ笑み、屈たくのない物腰、世にこれほどチャーミングな人たちはないと思われる。

これは私のような飛び入りばかりではない。あたりはさらに陽気である。このクラブじゅう至るところに、明るい笑いが色とりどりの花のようにひらいている。私はいささか気をぬかれた。ここには征服者と被征服者がいる。そのはずだ。だがそういう暗い断絶の面はどこに見られるというのだろう。背の高いアメリカ人が、沖縄の人の姿勢に合せるために身をかがめている。沖縄人の方が自然にふるまっているようだ。

卑屈にならなければならない運命の人たちのおおようさ、これは嬉しい。「あんたたちは俺の家に来てるんだ。利用してるのはつまりあんたたちじゃないか」と、素直に見ぬいているよう。といって別に意地悪い気分ではない。財産もない、野心も持たないでサバサバしている人間の、逆の優越感が見うけられる。いつでも素っ裸で自然。沖縄人がながい間、被圧迫の悪条件のもとで、しかも充実して生きてきた、ぎりぎりでありながら楽天的な生活哲学なのだろう。

しかし見事な親善風景を眺めながら、当然の疑問は、このような貴族同士の社交とはまったく無関係に、町に港に、山野に、浜辺に、そして基地にうごめいて、最も屈辱的に生き耐えている人々のことだ。そこには、いったい、どういう琉米親善の可能性があるのか。わずかしかない耕地の半分もが、基地に接収されている。しかもなおそれは拡張されつつあるのだ。自分の土地から追われた人たち。

現に中部で、千三百万ドルを投じて、海兵隊の基地建設が進行中だった。その付近を車で走ってみたが、案内の人が「あっ」とスットンキョウな声をたてた。「ついこの間まで、ここは山だったんですが」と呆れていた。山なんかどこにもない。削りとられた巨大な傷口。真赤な土のひろがりが、えんえんと伸び、海岸に向ってもりあげられ、押し出され、その果ての真青な海の上にのしかかっている。真黄色のトラクター、クレーンが点々と捨てられたように置いてある。人影もない。機械力で山を崩し、凹みを埋め、見わたすかぎりの軍用地を作ってしまう。馬鹿馬鹿しいような力とスピード——威圧感である。

そうやって整備された土地に、やがて青々とした芝生がしきつめられ、モダーンな住宅群がならびたつ。鉄柵をはりめぐらし、その内側だけに草花が香り高く咲き誇っている。ここはいったい何処のお国か、というような晴れ晴れしい風景が展開するのだ。

一方、追い出された側は、粗末な板屋にごちゃごちゃとより集まっている。手あたり次第、板きれや流木を拾ってきてぶつけあわせたような、住居というよりも巣といった方がいい。そんなバラックを作ってもぐり込むのだ。あまりにも残酷に対照的である。

殿様のようにふるまっているアメリカ人。そして政治、経済、法律的に徹底的に、支配のタガをはめられ、しかも基地収入によって生きるほかない人たち。

軍相手では、裁判権もない。賃金の不平等も想像をこえる。沖縄人労務者の二日分の賃金が、アメリカ人の一時間にあたるという。

このような落差の場所に、どんな交流があり得るというのだろう。巨大な富と機械力によって、山をも平らにしてしまった、あの基地のように、沖縄人は圧倒され、整地されてしまっているのだろうか。

私は滞在中、いろいろ聞いてみたのだが、相互はまるで不良導体であるかのように、絶縁されているようだった。民衆は占領者に対して不思議なほど無関心である。アメリカに給費留学したある若いインテリの言葉は象徴的だった。

「ただ彼らは金を持ってるな、っていうだけのことですよ。」

あっさりしたものだ。

この島を熱っぽく埋める、あの厚い層に食い込まないで、琉米親善はない。しかしこれは本質的に無理な注文なのであろう。

私はいま目の前に展開している、いわば作りあげられた見事なシーンを眺めながら、ただ奇異な感じにうたれる。この場所だけに限るなら、隔てなく和やかにうちとけている、この事実は認めなければならない。これは占領政策の転換によって強調されてきた「琉米親善」、アメリカの意志による交流である。だが政策であり、努力であるということを、まるで感じさせないほど人間的な、明るい肌ざわりなのだ。アメリカ人の、個人個人の持っている無邪気さ、素朴な誠実が、沖縄人の善良さとうまくかみあっているという感じだった。

私は居あわせた沖縄の人にいった。「実になごやかで、うまくいってますねえ。」

すると彼は、

「本当にそうです。」

と、人がよさそうにほほ笑んで、ふともらした。

「しかし、……彼らは、すこし琉米親善をいいすぎる。」

心の中に漠然ともちつづけていた不透明な重みみたいなものが、瞬間にとけるのを感じて、私はわらってしまった。

「チュラカサ」という言葉が、ふっと浮かんできたのである。

考えてみれば、「美ら瘡《ちゅかさ》」は日本の伝統でもある。近代日本は富国強兵、世界の一等国にのし上がろうなんて、ひどく無理してファイトをもやしたが、一方、この島国の文明開化にはチュラカサ精神がみちている。

たとえば鹿鳴館。条約改正の悲願など、いろいろの動機はあったろうが、一種の厄病おくりの切実なお祭りだった、という新解釈は成り立たないだろうか。実際、われわれの祖父《じい》さん祖母《ばあ》さんは、ずいぶん一生けんめいにステップをふんだものだ。

危機感、抵抗のピリピリした防禦本能が働いている間は、鹿鳴館精神も賢明な手段であったろう。しかしそれが鈍り、なれてしまうと、やがてだらしのない植民地風景になってくる。近代日本のカリカチュアーの一面である。そしてそれは今日なお続いている。

近代資本主義の集中化、そのインターナショナルな編成が高度に進むにつれて、種族防禦のモチーフはにぶってくる。そんなものを感じなくなった人間が、支配層をしめるのだ。ところが、そういう意味では水準の低い、遅れた沖縄には、まだ防禦本能がなまなましく働いている。だから外からの災厄、カサは「美《ちゅ》ら」として、言いようのない矛盾のバランスにおいて、辛抱強く、ほほ笑ましく操作されているのだ。そう私は見てとったのだが、これはひどく甘い見方だろうか。


〔『沖縄文化論――忘れられた日本』中公文庫、一九九六年刊より著作権者の許可を得て採録〕

『対話　人間の建設』より

岡潔

【編集部から】岡潔と小林秀雄の対談集『対話　人間の建設』（新潮文庫）は、人間の知性や感性、生き方など多岐に渡るテーマを碩学二人が縦横に語り合い、読者に多くの示唆を与える一冊だが、その中に「破壊だけの自然科学」と題する一章があり、岡潔は次のように語っている。

岡　アインシュタインのしたことについて一番問題になりますのは、それまで直線的に無限大の速さで進む光というものがあると物理で思っていたのを、否定したのです。それを否定して、しかしいろいろな物理的な公理をそのまま残したのですね。ところが光というものがあると考えていたアインシュタイン以前では、そういう公理体系は近似的に実験し得るものだったのです。だから物理的公理体系だったのです。ところがアインシュタインは、在来の光というものを否定した。そうすると、仮定している物理の公理体系が残っても、実験的にはたしかめることのできないものに変ってしまったのです。物理的公理体系ではなくなったのです。これはなんと言いますか、観念的公理体系、哲学的公理体系というようなものに変ってしまいます。そういう公理体系の上に物理学を組み上げたことになったのですね。現在はその状態なんです。（中略）物理の根柢に光があるなら、ユークリッド幾何に似たようなものを考えて、近似的に実験できますから、物理的公理体系ですが、光というものがないとしますと、これは超越的な公理体系、実験することのできない公理体系ですね。それが基礎になっていたら、物理学が知的に独立しているとは言えません。そこに物理学の一番大きな問題があると私は思います。たいていの数学者もそう見ているだろうと思います。まだ数学者と物理学者はお互に話し合ってはいませんが。

何しろいまの理論物理学のようなものが実在するということを信じさせる最大のものは、原子爆弾とか水素爆弾をつくれたということでしょうが、あれは破壊なんです。ところが、破壊というものは、いろいろな仮説それ自体がまったく正しくなくても、それに頼ってやったほうが幾分利益があればできるものです。もし建設が一つでもできるというなら認めてよいのですが、建設は何もしていない。しているのは破壊と機械的操作だけなんです。だから、いま考えられているような理論物理があると仮定させるものは破壊であって建設じゃない。破壊だったら、相似的な学説がなにかあればできるのです。建設をやって見せてもらわなければ、論より証拠とは言えないのです。だいたい自然科学でいまできることと言ったら、一口に言えば破壊だけでして、科学が人類の福祉に役立つとよく言いますが、その最も大きな例は、進化論は別にして、たとえば人類の生命を細菌から守るというようなことでしょう。しかしそれも実際には破壊によってその病源菌を死滅させるのであって、建設しているのではない。私が子供のとき、葉緑素はまだつくれないと習ったのですが、多分いまでも葉緑素はつくれない、葉緑素がつくれなければ有機化合物は全然つくれないのです。一番簡単な有機化合物でさえつくれないようでは、建設ができるとは言えない。

いまの機械文明を見てみますと、機械的操作もありますが、それよりいろいろな動力によってすべてが動いている。石炭、石油。これはみなかつて植物が葉緑素によってつくったものですね。それを掘り出して使っている。ウラン鉱は少し違いますけれども、原子力発電などといっても、ウラン鉱がなくなればできない。そしてウラン鉱は、このまま掘り進んだら、すぐになくなってしまいそうなものですね。そういうことで機械文明を支えているのですが、やがて水力電気だけになると、どうしますかな。自動車や汽船を動かすのもむつかしくなります。つまりいまの科学文明などというものは、殆《ほとん》どみな借り物なのですね。自分でつくれるなどというものではない。だから学説がまちがっていても、多少そういうまじないを唱えることに意味があればできるのです。建設は何もできません。いかに自然科学だって、少しは建設もやってみようとしなければいけませんでしょう。やってみてできないということがわかれば、自然を見る目も変るでしょう。

こういうことはニュートン力学あたりに始まるのですが、ニュートンは、地球からいうなら太陽の運動、その次は月の運動、それくらいを説明しようとして、ああいうニュートン力学を考え出し、そこで時間というものをつくって入れたのです。ああいう時間というものだって、実在するかどうかわからないが、ともかく天体を見てああいうことを考えているうちに、地上で電車が走るようになったというふうで、おもしろい気がします。しかしその使い方は破壊だけとはいえなくても、少くとも建設ではない。機械的操作なのです。

しかし、人は自然を科学するやり方を覚えたのだから、その方法によって初めに人の心というものをもっと科学しなければいけなかった。それはおもしろいことだろうと思います。人類がこのまま滅びないですんだら、ずいぶん弊害が出ましたが、自然科学によって観察し推理するということは、少し知りましたね。それを人の心に使って、そこから始めるべきで、自然に対してももっと建設のほうに目を向けるべきだと思います。幸い滅びずにすんだらのことですが、滅びたら、また二十億年繰り返してからそれをやればよいでしょう。現在の人類進化の状態では、ここで滅びずに、この線を越えよと注文するのは無理ではないかと思いますが。しかし自然の進化を見てみますと、やり損いやり損っているうちに、何か能力が得られて、そこを越えるというやり方です。まだ何度も何度もやり損わないとこれが越えられないのなら、そうするのもよいだろうと思います。しかしもしそんなふうなものだとすると、人が進化論などといって考えているものは、ほんの小さなもので、大自然は、もう一まわりスケールが大きいものかもしれませんね。(後略)

〔『対話　人間の建設』新潮文庫、二〇一〇年刊より〕

『風土　人間学的考察』より

和辻哲郎

【編集部から】以下には『風土』の第三章「モンスーン的風土の特殊形態」に収められた「二　日本」のうち、「イ　台風的性格」の前半部分のみを抜粋して収録する。

二　日本

イ　台風的性格

人間の存在は歴史的・風土的なる特殊構造を持っている。この特殊性は風土の有限性による風土的類型によって顕著に示される。もとよりこの風土は歴史的風土であるゆえに、風土の類型は同時に歴史の類型である。自分はモンスーン地域における人間の存在の仕方を「モンスーン的」と名づけた。我々の国民もその特殊な存在の仕方においてはまさにモンスーン的である。すなわち受容的・

忍従的である。

しかし我々はこれのみによって我々の国民を規定することはできない。風土のみを抽象して考えても、広い大洋と豊かな日光とを受けて豊富に水を恵まれ旺盛に植物が繁茂するという点においてはなるほど我々の国土とインドとはきわめて相似ているが、しかしインドが北方は高山の屏風にさえぎられつつインド洋との間にきわめて規則的な季節風を持つのとは異なり、日本は蒙古シベリアの漠々たる大陸とそれよりもさらに一層漠々たる太平洋との間に介在して、きわめて変化に富む季節風にもまれているのである。大洋のただ中において吸い上げられた豊富な水を真正面から浴びせられるという点において共通であるとしても、その水は一方においては「台風」というごとき季節的ではあっても突発的な、従ってその弁証法的な性格とその猛烈さとにおいて世界に比類なき形を取り、他方においてはその積雪量において世界にまれな大雪の形を取る。かく大雨と大雪との二重の現象において日本はモンスーン域中最も特殊な風土を持つのである。それは熱帯的・寒帯的の二重性格と呼ぶことができる。温帯的なるものは総じて何ほどかの程度において両者を含むのではあるが、しかしかくまで顕著にこの二重性格を顕わすものは、日本の風土を除いてどこにも見いだされない。この二重性格はまず植物において明白に現われる。強い日光と豊富な湿気を条件とする熱帯的な草木が、ここでは旺盛に繁茂する。盛夏の風物は熱帯地方とほとんど変わらない。その代表的なるものは稲である。しかるにまた他方には寒気と少量の湿気とを条件とする寒帯的な草木も、同じく旺盛に繁茂する。麦がその代表者である。かくして大地は冬には麦と冬草とに覆われ、夏には稲と夏草とに覆われる。しかしかく交代し得ない樹木は、それ自身に二重性格を帯びて来る。熱帯的植物としての竹に雪の積もった姿は、しばしば日本の特殊の風物としてあげられるものであるが、雪を担うことに慣れた竹はおのずから熱帯的な竹と異なって、弾力的な、曲線を描き得る、日本の竹に化した。

風土のみを抽象して考察した場合に見いだされるこれらの特徴は、具体的には人間の歴史的生活の契機である。稲及びさまざまの熱帯的な野菜や、麦及びさまざまの寒帯的な野菜は、人間が自ら作るのであり、従ってそれに必要な雨や雪や日光は人間の生活の中へ降り込み照らし込むのである。台風は稲の花を吹くことによって人間の生活を脅やかす。だから台風が季節的でありつつ突発的であるという二重性格は、人間の生活自身の二重性格にほかならぬ。豊富な湿気が人間に食物を恵むとともに、同時に暴風や洪水として人間を脅やかすというモンスーン的風土の、従って人間の受容的・忍従的な存在の仕方の二重性格の上に、ここにはさらに熱帯的・寒帯的・季節的・突発的というごとき特殊な二重性格が加わってくるのである。

まずモンスーン的な受容性は日本の人間においてきわめて特殊な形態を取る。第一にそれは熱帯的・寒帯的である。すなわち単に熱帯的な、単調な感情の横溢でもなければ、また単に寒帯的な、単調な感情の持久性でもなくして、豊富に流れ出でつつ変化において静かに持久する感情である。四季おりおりの季節の変化が著しいように、日本の人間の受容性は調子の早い移り変わりを要求する。だからそれは大陸的な落ちつきを持たないとともに、はなはだしく活発であり敏感である。活発敏感であるがゆえに疲れやすく持久性を持たない。しかもその疲労は無刺激的な休養によって癒《いや》されるのではなくして、新しい刺激・気分の転換等の感情の変化によって癒される。癒された時、感情は変化によって全然他の感情となっているのではなく、依然としてもとの感情なのである。だから持久性を持たないことの裏に持久性を隠している。すなわち感情は変化においてひそかに持久するのである。第二にそれは季節的・突発的である。変化においてひそかに持久する感情は、絶えず他の感情に変転しつつしかも同じ感情として持久するのであるがゆえに、単に季節的・規則的にのみ変化するのでもなければ、また単に突発的・偶然的に変化するのでもなく、変化の各瞬間に突発性を含みつつ前の感情に規定せられた他の感情に転化するのである。あたかも季節的に吹く台風が突発的な猛烈さを持っているように、感情もまた一から他へ移るとき、予期せざる突発的な強度を示すことがある。日本の人間の感情の昂揚は、しばしばこのような突発的な猛烈さにおいて現われた。それは執拗に持続する感情の強さではなくして、野分《のわき》のように吹き去る猛烈さである。だからそれはしばしば執拗な争闘を伴わずして社会を全面的に変革するというごとき特殊な歴史的現象をさえ作り出している。さらにそれは感情の昂揚を非常に尚びながらも執拗を忌むという日本的な気質を作り出した。桜の花をもってこの気質を象徴するのは深い意味においてもきわめて適切である。それは急激に、あわただしく、華やかに咲きそろうが、しかし執拗に咲き続けるのではなくして、同じようにあわただしく、恬淡《てんたん》に散り去るのである。

次にモンスーン的な忍従性もまた日本の人間において特殊な形態を取っている。ここでもそれは第一に熱帯的・寒帯的である。すなわち単に熱帯的な、従って非戦闘的なあきらめでもなければ、また単に寒帯的な、気の永い辛抱強さでもなくして、あきらめでありつつも反抗において変化を通じて気短に辛抱する忍従である。暴風や豪雨の威力は結局人間をして忍従せしめるのではあるが、しかしその台風的な性格は人間の内に戦争的な気分を湧き立たせずにはいない。だから日本の人間は、自然を征服しようともせずまた自然に敵対しようともしなかったにかかわらず、なお戦闘的・反抗的な気分において、持久的ならぬあきらめに達したのである。日本の特殊な現象としてのヤケ(自暴自棄)は、右のごとき忍従性を明白に示している。第二にこの忍従性もまた季節的・突発的である。反抗を含む忍従は、それが反抗を含むというその理由によって、単に季節的・規則的に忍従を繰り返すのでもなければ、また単に突発的・偶然的に忍従するのでもなく、繰り返し行く忍従の各瞬間に突発的な忍従を蔵しているのである。忍従に含まれた反抗はしばしば台風的なる猛烈さをもって突発的に燃え上がるが、しかしこの感情の嵐のあとには突如として静寂なあきらめが現われる。受容性における季節的・突発的な性格は、直ちに忍従性におけるそれと相俟《あいま》つのである。反抗や戦闘は猛烈なほど嘆美せられるが、しかしそれは同時に執拗であってはならない。きれいにあきらめるということは、猛烈な反抗・戦闘を一層嘆美すべきものたらしめるのである。すなわち俄然として忍従に転ずること、言いかえれば思い切りのよいこと、淡白に忘れることは、日本人が美徳としたところであり、今なおするところである。桜の花に象徴せられる日本人の気質は、半ばは右のごとき突発的忍従性にもとづいている。その最も顕著な現われ方は、淡白に生命を捨てるということである。この現象はかつてキリシタンの迫害に際しての殉教者の態度としてヨーロッパ人を驚嘆せしめたように、近くは日露戦争において彼らに強い驚きの印象を与えた。反抗や戦闘の根柢に存するものは生への執着である。しかも生への執着が大きい・烈しい客観的な姿に現われたときに、その執着のただ中において最も目立つものは、生への執着を全然否定する態度であった。日本人の争闘はここにその極致を示している。剣道の極致は剣禅一致である、すなわち争闘をば執拗な生への執着から生の超越にまで高めることである。これらを我々は台風的な忍従性と呼ぶことができる。

そこで日本の人間の特殊な存在の仕方は、豊かに流露する感情が変化においてひそかに持久しつつその持久的変化の各瞬間に突発性を含むこと、及びこの活発なる感情が反抗においてあきらめに沈み、突発的な昂揚の裏に俄然たるあきらめの静かさを蔵すること、において規定せられる。それはしめやかな激情、戦闘的な恬淡である。これが日本の国民的性格にほかならない。しかしこの国民的性格は歴史においておのれの形成しているのであるゆえに、歴史的な形成物を除いてどこにもその現われている場所はない。そこで我々はこの性格をその客観的表現において追究してみなくてはならぬ。(後略)

〔『風土　人間学的考察』岩波文庫、一九七九年刊より〕

稲むらの火

『尋常科用　小學國語讀本』より

【編集部から】二〇一一年度からの教科書への復活が話題になった「稲むらの火」は、小泉八雲（ラフカディオ・ハーン）が英文で書いた作品「生ける神」を中井常蔵が翻訳・再話して、かつての国定国語教科書に掲載されていた。ここでは、その戦前版を収録する。

「これは、たゞ事でない。」

とつぶやきながら、五兵衛は家から出て來た。今の地震は、別に烈しいといふ程のものではなかった。しかし、長いゆつたりとしたゆれ方と、うなるやうな地鳴りとは、老いた五兵衛に、今まで經驗したことのない無氣味なものであつた。

五兵衛は、自分の家の庭から、心配げに下の村を見下した。村では、豐年を祝ふよひ祭の支度に心を取られて、さつきの地震には一向氣がつかないもののやうである。

村から海へ移した五兵衞の目は、忽ちそこに吸附けられてしまつた。風とは反對に波が沖へ〳〵と動いて、見る〳〵海岸には、廣い砂原や黑い岩底が現れて來た。

「大變だ。津波がやつて來るに違ひない。」と、五兵衞は思つた。此のまゝにしておいたら、四百の命が、村もろ共一のみにやられてしまふ。もう一刻も猶豫は出來ない。

「よし。」

と叫んで、家にかけ込んだ五兵衞は、大きな松明を持つて飛出して來た。そこには、取入れるばかりになつてゐるたくさんの稻束が積んである。

「もつたいないが、これで村中の命が救へるのだ。」

と、五兵衞は、いきなり其の稻むらの一つに火を移した。風にあふられて、火の手がぱつと上つた。一つ又一つ、五兵衞は夢中で走つた。かうして、自分の田のすべての稻むらに火をつけてしまふと、松明を捨てた。まるで失神したやうに、彼はそこに突立つたまゝ、沖の方を眺めてゐた。

日はすでに沒して、あたりがだん〳〵薄暗くなつて來た。稻むらの火は天をこがした。山寺では、此の火を見て早鐘をつき出した。

「火事だ。莊屋さんの家だ。」と、村の若い者は、急いで山手へかけ出した。續いて、老人も、女も、子供も、若者の後を追ふやうにかけ出した。

高臺から見下してゐる五兵衞の目には、それが蟻の步みのやうに、もどかしく思はれた。やつと二十人程の若者が、かけ上つて來た。彼等は、すぐ火を消しにかゝらうとする。五兵衞は大聲に言つた。

「うつちやつておけ。――大變だ。村中の人に來てもらふんだ。」

村中の人は、追々集つて來た。五兵衞は、後から後から上つて來る老幼男女を一人々々數へた。集つて來た人々は、もえてゐる稻むらと五兵衞の顏とを代る〴〵見くらべた。

其の時、五兵衞は力一ぱいの聲で叫んだ。

「見ろ。やつて來たぞ。」

たそがれの薄明かりをすかして、五兵衞の指さす方を一同は見た。遠く海の端に、細い、暗い、一筋の線が見えた。其の線は見る〳〵太くなつた。廣くなつた。非常な速さで押寄せて來た。

「津波だ。」

と、誰かが叫んだ。海水が、絶壁のやうに目の前に迫つたと思ふと、山がのしかゝつて來たやうな重さと、百雷の一時に落ちたやうなとゞろきとを以て、陸にぶつかつた。人々は、我を忘れて後へ飛びのいた。雲のやうに山手へ突進して來た水煙の外は、一時何物も見えなかつた。

人々は、自分等の村の上を荒狂つて通る白い恐しい海を見た。二度三度、村の上を海は進み又退いた。

高臺では、しばらく何の話し聲もなかつた。一同は、波にゑぐり取られてあとかたもなくなつた村を、たゞあきれて見下してゐた。

稲むらの火は、風にあふられて又もえ上り、夕やみに包まれたあたりを明かるくした。始めて我にかへつた村人は、此の火によつて救はれたのだと氣がつくと、無言のまゝ五兵衞の前にひざまづいてしまつた。

［昭和十二年文部省発行『尋常科用　小學國語讀本　巻十』五年生用より］

『二十五箇年後』より

柳田國男

唐桑濱の宿と云ふ部落では、家の數が四十戸足らずの中、只の一戸だけ殘つて他は悉くあの海嘯で潰れた。その殘つたと云ふ家でも床の上に四尺あがり、時の間にさつと引いて、浮く程の物は總て持つて行つて了つた。其上に男の兒を一人亡くした。八つに爲る誠におとなしい子だつたさうである。道の傍に店を出して居る婆さんの處へ泊りに往つて、明日は何處とかへ御參りに行くのだから、戻つて居るやうにと迎へに遣つたが、おら詣りたうなござんすと言つて遂に永遠に還つて來なかつた。

此話をした婦人は其折十四歳であつた。高潮の力に押廻され、中の間の柱と蠶棚との間に挾まつて、動かれなくて居る中に水が引去り、後の岡の上で父が頻に名を呼ぶので、登つて往つたさうである。其晩はそれから家の薪を三百束ほども焚いたと云ふ。海上から此火の光を見掛けて、泳いで歸つた者も大分あつた。母親が自分と同じ中の間に、乳呑兒と一緒に居て助かつたことを、其時は丸で知らなかつたさうである。母は如何な事が有つても此子は放すまいと思つて、左の手で精一杯に抱へて居た。乳房を含ませて居た爲に、潮水は少しも飲まなかつたが山に上がつて夜通し焚火の傍にぢつとして居たので、翌朝見ると赤子の顔から頭へかけて、煤の埃で胡麻あえのやうになつて居たさうである。其赤子が歩兵に出て、今年はもう還つて來て居る。よつぽど孝行をして貰はにやと、よく老母は謂ふさうである。

［『定本　柳田國男全集第二巻』筑摩書房、一九六二年刊より］

「ノアの方舟」

『旧約聖書・創世記』より

【編集部から】以下には『旧約聖書・創世記』の中から、「ノアの方舟」に関わる第六章から第九章までを抜粋掲載する。

洪水

6

さて、地上に人が増え始め、娘たちが生まれた。神の子らは、人の娘たちが美しいのを見て、おのおの選んだ者を妻にした。主は言われた。

「わたしの霊は人の中に永久にとどまるべきではない。人は肉にすぎないのだから。」こうして、人の一生は百二十年となった。

当時もその後も、地上にはネフィリムがいた。これは、神の子らが人の娘たちのところに入って産ませた者であり、大昔の名高い英雄たちであった。

主は、地上に人の悪が増し、常に悪いことばかりを心に思い計っているのを御覧になって、地上に人を造ったことを後悔し、心を痛められた。主は言われた。

「わたしは人を創造したが、これを地上からぬぐい去ろう。人だけでなく、家畜も這うものも空の鳥も。わたしはこれらを造ったことを後悔する。」しかし、ノアは主の好意を得た。

これはノアの物語である。その世代の中で、ノアは神に従う無垢な人であった。ノアは神と共に歩んだ。ノアには三人の息子、セム、ハム、ヤフェトが生まれた。

この地は神の前に堕落し、不法に満ちていた。神は地を御覧になった。見よ、それは堕落し、すべて肉なる者はこの地で堕落の道を歩んでいた。神はノアに言われた。

「すべての肉なるものを終わらせる時がわたしの前に来ている。彼らのゆえに不法が地に満ちている。見よ、わたしは地もろとも彼らを滅ぼす。

あなたはゴフェルの木の箱舟を造りなさい。箱舟には小部屋を幾つも造り、内側にも外側にもタールを塗りなさい。

次のようにしてそれを造りなさい。箱舟の長さを三百アンマ、幅を五十アンマ、高さを三十アンマにし、箱舟に明かり取りを造り、上から一アンマにして、それを仕上げなさい。箱舟の側面には戸口を造りなさい。また、一階と二階と三階を造りなさい。

見よ、わたしは地上に洪水をもたらし、命の霊をもつ、すべて肉なるものを天の下から滅ぼす。

地上のすべてのものは息絶える。

わたしはあなたと契約を立てる。あなたは妻子や嫁たちと共に箱舟に入りなさい。また、すべて命あるもの、すべて肉なるものから、二つずつ箱舟に連れて入り、あなたと共に生き延びるようにしなさい。それらは、雄と雌でなければならない。それぞれの鳥、それぞれの家畜、それぞれの地を這うものが、二つずつあなたのところへ来て、生き延びるようにしなさい。更に、食べられる物はすべてあなたのところに集め、あなたと彼らの食糧としなさい。」

ノアは、すべて神が命じられたとおりに果たした。

7

主はノアに言われた。

「さあ、あなたとあなたの家族は皆、箱舟に入りなさい。この世代の中であなただけはわたしに従う人だと、わたしは認めている。あなたは清い動物をすべて七つがいずつ取り、また、清くない動物をすべて一つがいずつ取りなさい。空の鳥も七つがい取りなさい。全地の面に子孫が生き続けるように。七日の後、わたしは四十日四十夜地上に雨を降らせ、わたしが造ったすべての生き物を地の面からぬぐい去ることにした。」ノアは、すべて主が命じられたとおりにした。

ノアが六百歳のとき、洪水が地上に起こり、水が地の上にみなぎった。ノアは妻子や嫁たちと共に洪水を免れようと箱舟に入った。清い動物も清くない動物も、鳥も地を這うものもすべて、二つずつ箱舟のノアのもとに来た。それは神がノアに命じられたとおりに、雄と雌であった。

七日が過ぎて、洪水が地上に起こった。ノアの生涯の第六百年、第二の月の十七日、この日、大いなる深淵の源がことごとく裂け、天の窓が開かれた。雨が四十日四十夜地上に降り続いたが、まさにこの日、ノアも、息子のセム、ハム、ヤフェト、ノアの妻、この三人の息子の嫁たちも、箱舟に入った。彼らと共にそれぞれの獣、それぞれの家畜、それぞれの地を這うもの、それぞれの鳥、小鳥や翼のあるものすべて、命の霊をもつ肉なるものは、二つずつノアのもとに来て箱舟に入った。神が命じられたとおりに、すべて肉なるものの雄と雌とが来た。主は、ノアの後ろで戸を閉ざされた。

洪水は四十日間地上を覆った。水は次第に増して箱舟を押し上げ、箱舟は大地を離れて浮かんだ。水は勢力を増し、地の上に大いにみなぎり、箱舟は水の面を漂った。水はますます勢いを加えて地上にみなぎり、およそ天の下にある高い山はすべて覆われた。水は勢いを増して更にその上十五アンマに達し、山々を覆った。

地上で動いていた肉なるものはすべて、鳥も家畜も獣も地に群がり這うものも人も、ことごとく息絶えた。乾いた地のすべてのもののうち、その鼻に命の息と霊のあるものはことごとく死んだ。地の面にいた生き物はすべて、人をはじめ、家畜、這うもの、空の鳥に至るまでぬぐい去られた。彼らは大地からぬぐい去られ、ノアと、彼と共に箱舟にいたものだけが残った。水は百五十日の間、地上で勢いを失わなかった。

8 神は、ノアと彼と共に箱舟にいたすべての獣とすべての家畜を御心に留め、地の上に風を吹かせられたので、水が減り始めた。また、深淵の源と天の窓が閉じられたので、天からの雨は降りやみ、水は地上からひいて行った。百五十日の後には水が減って、第七の月の十七日に箱舟はアララト山の上に止まった。水はますます減って第十の月になり、第十の月の一日には山々の頂が現れた。

四十日たって、ノアは自分が造った箱舟の窓を開き、烏を放した。烏は飛び立ったが、地上の水が乾くのを待って、出たり入ったりした。ノアは鳩を彼のもとから放して、地の面から水がひいたかどうかを確かめようとした。しかし、鳩は止まる所が見つからなかったので、箱舟のノアのもとに帰って来た。水がまだ全地の面を覆っていたからである。ノアは手を差し伸べて鳩を捕らえ、箱舟の自分のもとに戻した。

更に七日待って、彼は再び鳩を箱舟から放した。鳩は夕方になってノアのもとに帰って来た。見よ、鳩はくちばしにオリーブの葉をくわえていた。ノアは水が地上からひいたことを知った。彼は更に七日待って、鳩を放した。鳩はもはやノアのもとに帰って来なかった。

ノアが六百一歳のとき、最初の月の一日に、地上の水は乾いた。ノアは箱舟の覆いを取り外して眺めた。見よ、地の面は乾いていた。第二の月の二十七日になると、地はすっかり乾いた。

神はノアに仰せになった。

「さあ、あなたもあなたの妻も、息子も嫁も、皆一緒に箱舟から出なさい。すべて肉なるもののうちからあなたのもとに来たすべての動物、鳥も家畜も地を這うものも一緒に連れ出し、地に群がり、地上で子を産み、増えるようにしなさい。」

そこで、ノアは息子や妻や嫁と共に外へ出た。獣、這うもの、鳥、地に群がるもの、それぞれすべて箱舟から出た。

ノアは主のために祭壇を築いた。そしてすべての清い家畜と清い鳥のうちから取り、焼き尽くす献げ物として祭壇の上にささげた。主は宥めの香りをかいで、御心に言われた。

「人に対して大地を呪うことは二度とすまい。人が心に思うことは、幼いときから悪いのだ。わたしは、この度したように生き物をことごとく打つことは、二度とすまい。

地の続くかぎり、種蒔きも刈り入れも
寒さも暑さも、夏も冬も
昼も夜も、やむことはない。」

祝福と契約

9
神はノアと彼の息子たちを祝福して言われた。

「産めよ、増えよ、地に満ちよ。地のすべての獣と空のすべての鳥は、地を這うすべてのものと海のすべての魚と共に、あなたたちの前に恐れおののき、あなたたちの手にゆだねられる。動いている命あるものは、すべてあなたたちの食糧とするがよい。わたしはこれらのすべてのものを、青草と同じようにあなたたちに与える。ただし、肉は命である血を含んだまま食べてはならない。また、あなたたちの命である血が流された場合、わたしは賠償を要求する。いかなる獣からも要求する。人間どうしの血については、人間から人間の命を賠償として要求する。

人の血を流す者は
人によって自分の血を流される。
人は神にかたどって造られたからだ。
あなたたちは産めよ、増えよ
地に群がり、地に増えよ。」

神はノアと彼の息子たちに言われた。

「わたしは、あなたたちと、そして後に続く子孫と、契約を立てる。あなたたちと共にいるすべての生き物、またあなたたちと共にいる鳥や家畜や地のすべての獣など、箱舟から出たすべてのもののみならず、地のすべての獣と契約を立てる。わたしがあなたたちと契約を立てたならば、二度と洪水によって肉なるものがことごとく滅ぼされることはなく、洪水が起こって地を滅ぼすことも決してない。」

更に神は言われた。

「あなたたちならびにあなたたちと共にいるすべての生き物と、代々とこしえにわたしが立てる契約のしるしはこれである。すなわち、わたしは雲の中にわたしの虹を置く。これはわたしと大地の間に立てた契約のしるしとなる。わたしが地の上に雲を湧き起こらせ、雲の中に虹が現れると、わたしは、わたしとあなたたちならびにすべての生き物、すべて肉なるものとの間に立てた契約に心を留める。水が洪水となって、肉なるものをすべて滅ぼすことは決してない。雲の中に虹が現れると、わたしはそれを見て、神と地上のすべての生き物、すべて肉なるものとの間に立てた永遠の契約に心を留める。」

神はノアに言われた。

「これが、わたしと地上のすべて肉なるものとの間に立てた契約のしるしである。」

ノアと息子たち

箱舟から出たノアの息子は、セム、ハム、ヤフェトであった。ハムはカナンの父である。この三人がノアの息子で、全世界の人々は彼らから出て広がったのである。

さて、ノアは農夫となり、ぶどう畑を作った。

あるとき、ノアはぶどう酒を飲んで酔い、天幕の中で裸になっていた。カナンの父ハムは、自分の父の裸を見て、外にいた二人の兄弟に告げた。セムとヤフェトは着物を取って自分たちの肩に掛け、後ろ向きに歩いて行き、父の裸を覆った。二人は顔を背けたままで、父の裸を見なかった。ノノアは酔いからさめると、末の息子がしたことを知り、こう言った。
「カナンは呪われよ
奴隷の奴隷となり、兄たちに仕えよ。」
また言った。
「セムの神、主をたたえよ。
カナンはセムの奴隷となれ。
神がヤフェトの土地を広げ（ヤフェト）
セムの天幕に住まわせ
カナンはその奴隷となれ。」
ノアは、洪水の後三百五十年生きた。ノアは九百五十歳になって、死んだ。

［新共同訳『聖書』、日本聖書協会刊より］

方丈記

鴨長明

行く川のながれは絶えずして、しかも本の水にあらず。よどみに浮ぶうたかたは、かつ消えかつ結びて久しくとゞまること（ためし）なし。世の中にある人とすみかと、またかくの如し。玉しきの都の中にむねをならべいらかをあらそへる、たかきいやしき人のすまひは、代々を經て盡きせぬものなれど、これをまことかと尋ぬれば、昔ありし家はまれなり。或はこぞ破れ（やけ）てことしは造り、あるは大家ほろびて小家となる。住む人もこれにおなじ。所もかはらず、人も多かれど、いにしへ見し人は、二三十人が中に、わづかにひとりふたりなり。あしたに死し、ゆふべに生るゝならひ、たゞ水の泡にぞ似たりける。知らず、生れ死ぬる人、いづかたより來りて、いづかたへか去る。又知らず、かりのやどり、誰が爲に心を惱まし、何によりてか目をよろこばしむる。そのあるじとすみかと、無常をあらそひ去るさま、いはゞ朝顔の露にことならず。或は露おちて花のこれり。のこるといへども朝日に枯れぬ。或は花はしぼみて、露なほ消えず。消えずといへども、ゆふべを待つことなし。

およそ物の心を知れりしよりこのかた、四十あまりの春秋をおくれる間に、世のふしぎを見ることやゝたびたびになりぬ。いにし安元三年四月廿八日かとよ、風烈しく吹きてしづかならざりし夜、戌の時ばかり、都のたつみより火出で來りていぬゐに至る。はてには朱雀門、大極殿、大學寮、民部の省まで移りて、ひとよがほどに、塵灰となりにき。火本は樋口富の小路とかや、病人を宿せるかりやより出で來けるとなむ。吹きまよふ風にとかく移り行くほどに、扇をひろげたるが如くすゑひろになりぬ。遠き家は煙にむせび、近きあたりはひたすらほのほを地に吹きつけたり。空には灰を吹きたてたれば、火の光に映じてあまねくくれなゐなる中に、風に堪へず吹き切られたるほのほ、飛ぶが如くにして一二町を越えつゝ移り行く。その中の人うつゝ(し)心ならむや。あるひは煙にむせびてたふれ伏し、或は炎にまぐれてたちまちに死しぬ。或は又わづかに身一つからくして遁れたれども、資財を取り出づるに及ばず。七珍萬寶、さながら灰燼となりにき。そのつひえいくそばくぞ。このたび公卿の家十六燒けたり。ましてその外は數を知らず。すべて都のうち、三分が二(一)に及べりとぞ。男女死ぬるもの數千人、馬牛のたぐひ邊際を知らず。人のいとなみみなおろかなる中に、さしも危き京中の家を作るとて寶をつひやし心をなやますことは、すぐれてあぢきなくぞ侍るべき。

また治承四年卯月廿九日のころ、中の御門京極のほどより、大なるつじかぜ起りて、六條わたりまで、いかめしく吹きけること侍りき。三四町をかけて吹きまくるに、その中にこもれる家ども、大なるもちひさきも、一つとしてやぶれざるはなし。さながらひらにたふれたるもあり。けたはしらばかり殘れるもあり。又門の上を吹き放ちて、四五町がほど（ほか）に置き、又垣を吹き拂ひて、隣と一つになせり。いはむや家の内のたから、數をつくして空にあがり、ひはだぶき板のたぐひ、冬の木の葉の風に亂るゝがごとし。塵を煙のごとく吹き立てたれば、すべて目も見えず。おびたゞしくなりとよむ音に、物いふ聲も聞えず。かの地獄の業風なりとも、かばかりにとぞ覺ゆる。家の損亡するのみならず、これをとり繕ふ間に、身をそこなひて、かたはづけるもの數を知らず。この風ひつじさるのかたに移り行きて、多くの人のなげきをなせり。つじかぜはつねに吹くものなれど、かゝることやはある。たゞごとにあらず。さるべき物のさとしかなとぞ疑ひ侍りし。

又おなじ年の六月の頃、にはかに都うつり侍りき。いと思ひの外なりし事なり。大かたこの京のはじめを聞けば、嵯峨の天皇の御時、都とさだまりにけるより後、既に數百歳を經たり。異なるゆゑなくて、たやすく改まるべくもあらねば、これを世の人、たやすからずうれへあへるさま、ことわりにも過ぎたり。されどとかくいふかひなくて、みかどよりはじめ奉りて、大臣公卿ことごとく攝津國難波の京にうつり給ひぬ。世に仕ふるほどの人、誰かひとりふるさとに殘り居らむ。官位に思ひをかけ、主君のかげを賴むほどの人は、一日なりとも、とくうつらむとはげみあへり。時を失ひ世にあまされて、ごする所なきものは、愁へながらとまり居れり。軒を爭ひし人のすまひ、日を經つゝあれ行く。家はこぼたれて淀川に浮び、地は目の前に畠となる。人の心皆あらたまりて、たゞ馬鞍をのみ重くす。牛車を用とする人なし。西南海の所領をのみ願ひ、東北國の庄園をば好まず。

その時、おのづから事のたよりありて、津の國今の京に到れり。所のありさまを見るに、その地ほどせまくて、條里をわるにたらず。北は山にそひて高く、南は海に近くてくだれり。なみの音つねにかまびすしくて、潮風殊にはげしく、内裏は山の中なれば、かの木の丸殿もかくやと、なかなかやうかはりて、いうなるかたも侍りき。日々にこぼちて川もせきあへずはこびくだす家はいづくにつくれるにかあらむ。なほむなしき地は多く、作れる屋はすくなし。ふるさとは既にあれて、新都はいまだならず。ありとしある人、みな浮雲のおもひをなせり。元より此處に居れるものは、地を失ひてうれへ、今うつり住む人は、土木のわづらひあることをなげく。道のほとりを見れば、車に乘るべきはうまに乘り、衣冠布衣なるべきはひたゝれを着たり。都のてふりたちまちにあらたまりて、唯ひなびたる武士にことならず。これは世の亂るゝ瑞相とか聞きおけるもしるく、日を經つゝ世の中うき立ちて、人の心も治らず、民のうれへつひにむなしからざりければ、おなじ年の冬、猶この京に歸り給ひにき。されどこぼちわたせりし家どもはいかになりにけるにか、ことごとく元のやうにも作らず。ほのかに傳へ聞くに、いにしへのかしこき御代には、あはれみをもて國ををさめ給ふ。則ち御殿に茅をふきて軒をだにとゝのへず。煙のともしきを見給ふ時は、かぎりあるみつぎものをさへゆるされき。これ民をめぐみ、世をたすけ給ふによりてなり。今の世の中のありさま、昔になぞらへて知りぬべし。

又養和のころかとよ、久しくなりてたしかにも覺えず、二年が間、世の中飢渇して、あさましきこと侍りき。或は春夏日でり、或は秋冬大風、大水などよからぬ事どもうちつゞきて、五穀ことごとくみのらず。むなしく春耕し、夏植うるいとなみありて、秋かり冬收むるぞめきはなし。これによりて、國々の民、或は地を捨てゝ堺を出で、或は家をわすれて山にすむ。さまざまの御祈はじまりて、なべてならぬ法ども行はるれども、さらにそのしるしなし。京のならひなに事につけても、みなもとは田舍をこそたのめるに、絶えてのぼるものなければ、さのみやはみさをも作りあへむ。念じわびつゝ、さまざまの寶もの、かたはしより捨つるがごとくすれども、さらに目みたつる人もなし。たまたま易ふるものは、金をかろくし、粟を重くす。乞食道の邊におほく、うれへ悲しむ聲耳にみてり。さきの年かくの如くからくして暮れぬ。明くる年は立ちなほるべきかと思ふに、あまさへえやみうちそひて、まさるやうにあとかたなし。世の人みな飢ゑ死にければ、日を經つゝきはまり行くさま、少水の魚のたとへに叶へり。はてには笠うちき、足ひきつゝみ、よろしき姿したるもの、ひたすら家ごとに乞ひありく。かくわびしれたるものどもありくかと見れば則ち斃れふしぬ。ついひぢのつら、路頭に飢ゑ死ぬるたぐひは數もしらず。取り捨つるわざもなければ、くさき香世界にみちみちて、かはり行くかたちありさま、目もあてられぬこと多かり。いはむや河原などには、馬車の行きちがふ道だにもなし。しづ、山がつも、力つきて、薪にさへともしくなりゆけば、たのむかたなき人は、みづから家をこぼちて市に出でゝこれを賣るに、一人がもち出でたるあたひ、猶一日が命をさゝふるにだに及ばずとぞ。あやしき事は、かゝる薪の中に、につき、しろがねこがねのはくなど所々につきて見ゆる木のわれあひまじれり。これを尋ぬればすべき方なきものゝ、古寺に至りて佛をぬすみ、堂の物の具をやぶりとりて、わりくだけるなりけり。濁惡の世にしも生れあひて、かゝる心うきわざをなむ見侍りし。

又あはれなること侍りき。さりがたき女男など持ちたるものは、その思ひまさりて、心ざし深きはかならずさきだちて死しぬ。そのゆゑは、我が身をば次になして、男にもあれ女にもあれ、いたはしく思ふかたに、たまたま乞ひ得たる物を、まづゆづるによりてなり。されば父子あるものはさだまれる事にて、親ぞさきだちて死にける。又（父）母が命つきて臥せるをもしらずして、いとけなき子のその乳房に吸ひつきつゝ、ふせるなどもありけり。仁和寺に、慈尊院の大藏卿隆曉法印といふ人、かくしつゝ、かずしらず死ぬることをかなしみて、ひじりをあまたかたらひつゝ、その死首の見ゆるごとに、額に阿字を書きて、緣をむすばしむるわざをなむせられける。その人數を知らむとて、四五兩月がほどかぞへたりければ、京の中、一條より南、九條より北、京極より西、朱雀より東、道のほとりにある頭、すべて四萬二千三百あまりなむありける。いはむやその前後に死ぬるもの多く、河原、白河、にしの京、もろもろの邊地などをくはへていはゞ際限もあるべからず。いかにいはむや、諸國七道をや。近くは崇徳院の御位のとき、長承のころかとよ、かゝるためしはありけると聞けど、その世のありさまは知らず。まのあたりいとめづらかに、かなしかりしことなり。

また元暦二年のころ、おほなゐふること侍りき。そのさまよのつねならず。山くづれて川を埋み、海かたぶきて陸をひたせり。土さけて水わきあがり、いはほわれて谷にまろび入り、なぎさこぐふねは浪にたゞよひ、道ゆく駒は足のたちどをまどはせり。いはむや都のほとりには、在々所々堂舍廟塔、一つとして全からず。或はくづれ、或はたふれた（ぬ）る間、塵灰立ちあがりて盛なる煙のごとし。地のふるひ家のやぶるゝ音、いかづちにことならず。家の中に居れば忽にうちひしげなむとす。はしり出づればまた地われさく。羽なければ空へもあがるべからず。龍ならねば雲にのぼらむこと難し。おそれの中におそるべかりけるは、たゞ地震なりけるとぞ覺え侍りし。その中に、あるものゝふのひとり子の、六つ七つばかりに侍りしが、ついぢのおほひの下に小家をつくり、はかなげなるあとなしごとをして遊び侍りしが、俄にくづれうめられて、あとかたなくひらにうちひさがれて、二つの目など一寸ばかりうち出されたるを、父母かゝへて、聲もをしまずかなしみあひて侍りしこそあはれにかなしく見はべりしか。子のかなしみにはたけきものも耻を忘れけりと覺えて、いとほしくことわりかなとぞ見はべりし。かくおびたゞしくふることはしばしにて止みにしかども、そのなごりしばしば絶えず。よのつねにおどろくほどの地震、二三十度ふらぬ日はなし。十日廿日過ぎにしかば、やうやうまどほになりて、或は四五度、二三度、もしは一日まぜ、二三日に一度など、大かたそのなごり、三月ばかりや侍りけむ。四大種の中に、水火風はつねに害をなせど、大地に至りては殊なる變をなさず。むかし齊衡のころかとよ。おほなゐふりて、東大寺の佛のみぐし落ちなどして、いみじきことゞも侍りけれど、猶このたびにはしかずとぞ。すなはち人皆あぢきなきことを述べて、いさゝか心のにごりもうすらぐと見えしほどに、月日かさなり年越えしかば、後は言の葉にかけて、いひ出づる人だになし。

すべて世のありにくきこと、わが身とすみかとの、はかなくあだなるさまかくのごとし。いはむや所により、身のほどにしたがひて、心をなやますこと、あげてかぞふべからず。もしおのづから身かずならずして、權門のかたはらに居るものは深く悅ぶことあれども、大にたのしぶにあたはず。なげきある時も聲をあげて泣くことなし。進退やすからず、たちゐにつけて恐れをのゝくさま、たとへば、雀の鷹の巣に近づけるがごとし。もし貧しくして富める家の隣にをるものは、朝夕すぼき姿を恥ぢてへつらひつゝ出で入る妻子、僮僕のうらやめるさまを見るにも、富める家のひとのないがしろなるけしきを聞くにも、心念々にうごきて時としてやすからず。もしせばき地に居れば、近く炎上する時、その害をのがるゝことなし。もし邊地にあれば、往反わづらひ多く、盜賊の難はなれがたし。いきほひあるものは貪欲ふかく、ひとり身なるものは人にかろしめらる。寶あればおそれ多く、貧しければなげき切なり。人を賴めば身他のやつことなり、人をはごくめば心恩愛につかはる。世にしたがへば身くるし。またしたがはねば狂へるに似たり。いづれの所をしめ、いかなるわざをしてか、しばしもこの身をやどし玉ゆらも心をなぐさむべき。

我が身、父の方の祖母の家をつたへて、久しく彼所に住む。そののち緣かけ、身おとろへて、しのぶかたがたしげかりしかば、つひにあととむることを得ずして、三十餘にして、更に我が心と一の庵をむすぶ。これをありしすまひになずらふるに、十分が一なり。たゞ居屋ばかりをかまへて、はかばかしくは屋を造るにおよばず。わづかについひぢをつけりといへども、門たつるたづきなし。竹を柱として、車やどりとせり。雪ふり風吹くごとに、危ふからずしもあらず。所は河原近ければ、水の難も深く、白波のおそれもさわがし。すべてあらぬ世を念じ過ぐしつゝ、心をなやませることは、三十餘年なり。その間をりをりのたがひめに、おのづから短き運をさとりぬ。すなはち五十の春をむかへて、家をいで世をそむけり。もとより妻子なければ、捨てがたきよすがもなし。身に官祿あらず、何につけてか執をとゞめむ。むなしく大原山の雲にふして、またいくそばくの春秋をかへぬる。

こゝに六十の露消えがたに及びて、さらに末葉のやどりを結べることあり。いはゞ狩人のひとよの宿をつくり、老いたるかひこのまゆをいとなむがごとし。これを中ごろのすみかになずらふれば、また百分が一にだもおよばず。とかくいふ程に、よはひは年々にかたぶき、すみかはをりをりにせばし。その家のありさまよのつねにも似ず、廣さはわづかに方丈、高さは七尺が内なり。所をおもひ定めざるがゆゑに、地をしめて造らず。土居をくみ、うちおほひをふきて、つぎめごとにかけがねをかけたり。もし心にかなはぬことあらば、やすく外へうつさむがためなり。そのあらため造るとき、いくばくのわづらひかある。積むところわづかに二輌なり。車の力をむくゆるほかは、更に他の用途いらず。いま日野山の奥にあとをかくして後、南にかりの日がくしをさし出して、竹のすのこを敷き、その西に閼伽棚を作り、うちには西の垣に添へて、阿彌陀の畫像を安置したてまつりて、落日をうけて、眉間のひかりとす。かの帳のとびらに、普賢ならびに不動の像をかけたり。北の障子の上に、ちひさき棚をかまへて、黒き皮籠三四合を置く。すなはち和歌、管絃、往生要集ごときの抄物を入れたり。傍にこと、琵琶、おのおの一張をたつ。いはゆるをりごと、つき琵琶これなり。東にそへて、わらびのほどろを敷き、つかなみを敷きて夜の床とす。東の垣に窓をあけて、こゝにふづくゑを出せり。枕の方にすびつあり。これを柴折りくぶるよすがとす。庵の北に少地をしめ、あばらなるひめ垣をかこひて園とす。すなはちもろもろの藥草をうゑたり。かりの庵のありさまかくのごとし。

その所のさまをいはゞ、南にかけひあり、岩をたゝみて水をためたり。林軒近ければ、つま木を拾ふにともしからず。名を外山といふ。まさきのかづらあとをうづめり。谷しげゝれど、にしは晴れたり。觀念のたよりなきにしもあらず。春は藤なみを見る、紫雲のごとくして西のかたに匂ふ。夏は郭公をきく、かたらふごとに死出の山路をちぎる。秋は日ぐらしの聲耳に充てり。うつせみの世をかなしむかと聞ゆ。冬は雪をあはれむ。つもりきゆるさま、罪障にたとへつべし。もしねんぶつものうく、どきやうまめならざる時は、みづから休み、みづからをこたるにさまたぐる人もなく、また耻づべき友もなし。殊更に無言をせざれども、ひとり居ればくごふをさめつべし。必ず禁戒をまもるとしもなけれども、境界なければ何につけてか破らむ。もしあとの白波に身をよするあしたには、岡のやに行きかふ船をながめて、滿沙彌が風情をぬすみ、もし桂の風、葉をならすゆふべには、潯陽の江をおもひやりて、源都督（經信）のながれをならふ。もしあまりの興あれば、しばしば松のひゞきに秋風の樂をたぐへ、水の音に流泉の曲をあやつる。藝はこれつたなけれども、人の耳を悦ばしめむとにもあらず。ひとりしらべ、ひとり詠じて、みづから心を養ふばかりなり。

また麓に、一つの柴の庵あり。すなはちこの山もりが居る所なり。かしこに小童あり、時々來りてあひとぶらふ。もしつれづれなる時は、これを友としてあそびありく。かれは十六歳、われは六十、その齡ことの外なれど、心を慰むることはこれおなじ。あるはつばなをぬき、いはなしをとる(り)。またぬかごをもり、芹をつむ。或はすそわの田井に至りて、おちほを拾ひてほぐみをつくる。もし日うらゝかなれば、嶺によぢのぼりて、はるかにふるさとの空を望み。木幡山、伏見の里、鳥羽、羽束師を見る。勝地はぬしなければ、心を慰むるにさはりなし。あゆみわづらひなく、志遠くいたる時は、これより峯つゞき炭山を越え、笠取を過ぎて、岩間にまうで、或は石山ををがむ。もしは粟津の原を分けて、蝉丸翁が迹をとぶらひ、田上川をわたりて、猿丸大夫が墓をたづぬ。歸るさには、をりにつけつゝ櫻をかり、紅葉をもとめ、わらびを折り、木の實を拾ひて、かつは佛に奉りかつは家づとにす。

もし夜しづかなれば、窓の月に故人を忍び、猿の聲に袖をうるほす。くさむらの螢は、遠く眞木の島の篝火にまがひ、曉の雨は、おのづから木の葉吹くあらしに似たり。山鳥のほろほろと鳴くを聞きても、父か母かとうたがひ、みねのかせきの近くなれたるにつけても、世にとほざかる程を知る。或は埋火をかきおこして、老の寐覺の友とす。おそろしき山ならねど、ふくろふの聲をあはれむにつけても、山中の景氣、折につけてつくることなし。いはむや深く思ひ、深く知れらむ人のためには、これにしもかぎるべからず。

大かた此所に住みそめし時は、あからさまとおもひしかど、今ま(す)でに五とせを經たり。假の庵もやゝふる屋となりて、軒にはくちばふかく、土居に苔むせり。おのづから事のたよりに都を聞けば、この山にこもり居て後、やごとなき人の、かくれ給へるもあまた聞ゆ。ましてその數ならぬたぐひ、つくしてこれを知るべからず。たびたびの炎上にほろびたる家、またいくそばくぞ。たゞかりの庵のみ、のどけくしておそれなし。ほどせばしといへども、夜臥す床あり、ひる居る座あり。一身をやどすに不足なし。がうなはちひさき貝をこのむ、これよく身をしるによりてなり。みさごは荒磯に居る、則ち人をおそるゝが故なり。我またかくのごとし。身を知り世を知れらば、願はずまじらはず、たゞしづかなるをのぞみとし、うれへなきをたのしみとす。

すべて世の人の、すみかを作るならひ、かならずしも身のためにはせず。或は妻子眷屬のために作り、或は親昵朋友のために作る。或は主君、師匠および財寶、馬牛のためにさへこれをつくる。我今、身のためにむすべり、人のために作らず。ゆゑいかんとなれば、今の世のならひ、この身のありさま、ともなふべき人もなく、たのむべきやっこもなし。たとひ廣く作れりとも、誰をかやどし、誰をかすゑむ。

それ人の友たるものは富めるをたふとみ、ねんごろなるを先とす。かならずしも情あると、すぐなるとをば愛せず、たゞ絲竹花月を友とせむにはしかじ。人のやっこたるものは賞罰のはなはだしきを顧み、恩の厚きを重くす。更にはごくみあはれぶといへども、やすく閑なるをばねがはず、たゞ我が身を奴婢とするにはしかず。もしなすべきことあれば、すなはちおのづから身をつかふ。たゆからずしもあらねど、人をしたがへ、人をかへりみるよりはやすし。もしありくべきことあれば、みづから歩む。くるしといへども、馬鞍牛車と心をなやますにはしかず。今ひと身をわかちて。二つの用をなす。手のやつこ、足ののり物、よくわが心にかなへり。心また身のくるしみを知れゝば、くるしむ時はやすめつ、まめなる時はつかふ。つかふとてもたびたび過さず、ものうしとても心をうごかすことなし。いかにいはむや、常にありき、常に働（動）くは、これ養生なるべし。なんぞいたづらにやすみ居らむ。人を苦しめ人を悩ますはまた罪業なり。いかゞ他の力をかるべき。

衣食のたぐひまたおなじ。藤のころも、麻のふすま、得るに隨ひてはだへをかくし。野邊のつばな、嶺の木の實、わづかに命をつぐばかりなり。人にまじらはざれば、姿を耻づる悔もなし。かてともしければおろそかなれども、なほ味をあまくす。すべてかやうのこと、樂しく富める人に對していふにはあらず、たゞわが身一つにとりて、昔と今とをたくらぶるばかりなり。大かた世をのがれ、身を捨てしより、うらみもなくおそれもなし。命は天運にまかせて、をしまずいとはず、身をば浮雲になずらへて、たのまずまだしとせず。一期のたのしみは、うたゝねの枕の上にきはまり、生涯の望は、をりをりの美景にのこれり。

それ三界は、たゞ心一つなり。心もし安からずば、牛馬七珍もよしなく、宮殿樓閣も望なし。今さびしきすまひ、ひとまの庵、みづからこれを愛す。おのづから都に出でゝは、乞食となれることをはづといへども、かへりてこゝに居る時は、他の俗塵に着することをあはれぶ。もし人このいへることをうたがはゞ、魚と鳥との分野を見よ。魚は水に飽かず、魚にあらざればその心をいかでか知らむ。鳥は林をねがふ、鳥にあらざればその心をしらず。閑居の氣味もまたかくの如し。住まずしてたれかさとらむ。

そもそも一期の月影かたぶきて餘算山のはに近し。忽に三途のやみにむかはむ時、何のわざをかかこたむとする。佛の人を教へ給ふおもむきは、ことにふれて執心なかれとなり。今草の庵を愛するもとがとす、閑寂に着するもさはりなるべし。いかゞ用なきたのしみをのべて、むなしくあたら時を過さむ。

しづかなる曉、このことわりを思ひつゞけて、みづから心に問ひていはく、世をのがれて山林にまじはるは、心ををさめて道を行はむがためなり。然るを汝が姿はひじりに似て、心はにごりにしめり。すみかは則ち淨名居士のあとをけがせりといへども、たもつ所はわづかに周梨槃特が行にだも及ばず。もしこれ貧賤の報のみづからなやますか、はた亦妄心のいたりてくるはせるか、その時こゝろ更に答ふることなし。たゝかたはらに舌根をやとひて不請の念佛、兩三返を申してやみぬ。時に建曆の二とせ、彌生の晦日比、桑門蓮胤、外山の庵にしてこれをしるす。

「月かげは入る山の端もつらかりきたえぬひかりをみるよしもがな」。

［青空文庫＝底本『國文大觀　日記草子部』明文社、一九〇六年刊＝を基本に、他のテキストを参照して改行などを施した。括弧内は異本の表記］

グスコーブドリの伝記

宮澤賢治

一　森

グスコーブドリは、イーハトーヴの大きな森のなかに生まれました。おとうさんは、グスコーナドリという名高い木こりで、どんな大きな木でも、まるで赤ん坊を寝かしつけるようにわけなく切ってしまう人でした。

ブドリにはネリという妹があって、二人は毎日森で遊びました。ごしっごしっとおとうさんの木を挽《ひ》く音が、やっと聞こえるくらいな遠くへも行きました。二人はそこで木いちごの実をとってわき水につけたり、空を向いてかわるがわる山鳩《やまばと》の鳴くまねをしたりしました。するとあちらでもこちらでも、ぽう、ぽう、と鳥が眠そうに鳴き出すのでした。

おかあさんが、家の前の小さな畑に麦を播《ま》いているときは、二人はみちにむしろをしいてすわって、ブリキかんで蘭《らん》の花を煮たりしました。するとこんどは、もういろいろの鳥が、二人のぱさぱさした頭の上を、まるで挨拶《あいさつ》するように鳴きながらざあざあざあざあ通りすぎるのでした。

ブドリが学校へ行くようになりますと、森はひるの間たいへんさびしくなりました。そのかわりひるすぎには、ブドリはネリといっしょに、森じゅうの木の幹に、赤い粘土や消し炭で、木の名を書いてあるいたり、高く歌ったりしました。

ホップのつるが、両方からのびて、門のようになっている白樺《しらかば》の木には、「カッコウドリ、トオルベカラズ」と書いたりもしました。

そして、ブドリは十になり、ネリは七つになりました。ところがどういうわけですか、その年は、お日さまが春から変に白くて、いつもなら雪がとけるとまもなく、まっしろな花をつけるこぶしの木もまるで咲かず、五月になってもたびたび霙《みぞれ》がぐしゃぐしゃ降り、七月の末になってもいっこうに暑さが来ないために、去年播《ま》いた麦も粒の入らない白い穂しかできず、たいていの果物《くだもの》も、花が咲いただけで落ちてしまったのでした。

そしてとうとう秋になりましたが、やっぱり栗《くり》の木は青いからのいがばかりでしたし、みんなでふだんたべるいちばんたいせつなオリザという穀物も、一つぶもできませんでした。野原ではもうひどいさわぎになってしまいました。

ブドリのおとうさんもおかあさんも、たびたび薪《たきぎ》を野原のほうへ持って行ったり、冬になってからは何べんも大きな木を町へそりで運んだりしたのでしたが、いつもがっかりしたようにして、わずかの麦の粉などもって帰ってくるのでした。それでもどうにかその冬は過ぎて次の春になり、畑にはたいせつにしまっておいた種も播かれましたが、その年もまたすっかり前の年のとおりでした。そして秋になると、とうとうほんとうの饑饉《ききん》になってしまいました。もうそのころは学校へ来るこどももまるでありませんでした。ブドリのおとうさんもおかあさんも、すっかり仕事をやめていました。そしてたびたび心配そうに相談しては、かわるがわる町へ出て行って、やっとすこしばかりの黍《きび》の粒など持って帰ることもあれば、なんにも持たずに顔いろを悪くして帰ってくることもありました。そしてみんなは、こならの実や、葛《くず》やわらびの根や、木の柔らかな皮やいろんなものをたべて、その冬をすごしました。

けれども春が来たころは、おとうさんもおかあさんも、何かひどい病気のようでした。

ある日おとうさんは、じっと頭をかかえて、いつまでもいつまでも考えていましたが、にわかに起きあがって、

「おれは森へ行って遊んでくるぞ。」と言いながら、よろよろ家を出て行きましたが、まっくらになっても帰って来ませんでした。二人がおかあさんに、おとうさんはどうしたろうときいても、おかあさんはだまって二人の顔を見ているばかりでした。

次の日の晩方になって、森がもう黒く見えるころ、おかあさんはにわかに立って、炉に榾《ほだ》をたくさんくべて家じゅうすっかり明るくしました。それから、わたしはおとうさんをさがしに行くから、お前たちはうちにいてあの戸棚《とだな》にある粉を二人ですこしずつたべなさいと言って、やっぱりよろよろ家を出て行きました。二人が泣いてあとから追って行きますと、おかあさんはふり向いて、

「なんたらいうことをきかないこどもらだ。」としかるように言いました。

そしてまるで足早に、つまずきながら森へはいってしまいました。二人は何べんも行ったり来たりして、そこらを泣いて回りました。とうとうこらえ切れなくなって、まっくらな森の中へはいって、いつかのホップの門のあたりや、わき水のあるあたりをあちこちうろうろ歩きながら、おかあさんを一晩呼びました。森の木の間からは、星がちらちら何か言うようにひかり、鳥はたびたびおどろいたように暗《やみ》の中を飛びましたけれども、どこからも人の声はしませんでした。とうとう二人はぼんやり家へ帰って中へはいりますと、まるで死んだように眠ってしまいました。

ブドリが目をさましたのは、その日のひるすぎでした。

おかあさんの言った粉のことを思い出して戸棚《とだな》をあけて見ますと、なかには、袋に入れたそば粉やこならの実がまだたくさんはいっていました。ブドリはネリをゆり起こして二人でその粉をなめ、おとうさんたちがいたときのように炉に火をたきました。

それから、二十日《はつか》ばかりぼんやり過ぎましたら、ある日戸口で、

「今日は、だれかいるかね。」と言うものがありました。おとうさんが帰って来たのかと思って、ブドリがはね出して見ますと、それは籠《かご》をしょった目の鋭い男でした。その男は籠の中から丸い餅《もち》をとり出してぽんと投げながら言いました。

「私はこの地方の飢饉《ききん》を助けに来たものだ。さあなんでも食べなさい。」二人はしばらくあきれていましたら、

「さあ食べるんだ、食べるんだ。」とまた言いました。二人がこわごわたべはじめますと、男はじっと見ていましたが、

「お前たちはいい子供だ。けれどもいい子供だというだけではなんにもならん。わしといっしょについておいで。もっとも男の子は強いし、わしも二人はつれて行けない。おい女の子、おまえはここにいてももうたべるものがないんだ。おじさんといっしょに町へ行こう。毎日パンを食べさしてやるよ。」そしてぷいっとネリを抱きあげて、せなかの籠へ入れて、そのまま、

「おおほいほい。おおほいほい。」とどなりながら、風のように家を出て行きました。ネリはおもてではじめてわっと泣き出し、ブドリは、

「どろぼう、どろぼう。」と泣きながら叫んで追いかけましたが、男はもう森の横を通ってずうっと向こうの草原を走っていて、そこからネリの泣き声が、かすかにふるえて聞こえるだけでした。

ブドリは、泣いてどなって森のはずれまで追いかけて行きましたが、とうとう疲れてばったり倒れてしまいました。

二　てぐす工場

ブドリがふっと目をひらいたとき、いきなり頭の上で、いやに平べったい声がしました。

「やっと目がさめたな。まだお前は飢饉《ききん》のつもりかい。起きておれに手伝わないか。」見るとそれ

は茶いろなきのこしゃっぽをかぶって外套《がいとう》にすぐシャツを着た男で、何か針金でこさえたものをぶらぶら持っているのでした。

「もう飢饉は過ぎたの？　手伝えって何を手伝うの？」

　ブドリがききました。

「網掛けさ。」

「ここへ網を掛けるの？」

「掛けるのさ。」

「網をかけて何にするの？」

「てぐすを飼うのさ。」見るとすぐブドリの前の栗《くり》の木に、二人の男がはしごをかけてのぼっていて、一生けん命何か網を投げたり、それを操《あやつ》ったりしているようでしたが、網も糸もいっこう見えませんでした。

「あれでてぐすが飼えるの？」

「飼えるのさ。うるさいこどもだな。おい、縁起でもないぞ。てぐすも飼えないところにどうして工場なんか建てるんだ。飼えるともさ。現におれをはじめたくさんのものが、それでくらしを立てているんだ。」

　ブドリはかすれた声で、やっと、

「そうですか。」と言いました。

「それにこの森は、すっかりおれが買ってあるんだから、ここで手伝うならいいが、そうでもなければどこかへ行ってもらいたいな。もっともお前はどこへ行ったって食うものもなかろうぜ。」

ブドリは泣き出しそうになりましたが、やっとこらえて言いました。

「そんなら手伝うよ。けれどもどうして網をかけるの？」

「それはもちろん教えてやる。こいつをね。」男は、手に持った針金の籠《かご》のようなものを両手で引き伸ばしました。

「いいか。こういう具合にやるとはしごになるんだ。」

男は大またに右手の栗《くり》の木に歩いて行って、下の枝に引っ掛けました。

「さあ、今度はおまえが、この網をもって上へのぼって行くんだ。さあ、のぼってごらん。」

男は変なまりのようなものをブドリに渡しました。ブドリはしかたなくそれをもってはしごにとりついて登って行きましたが、はしごの段々がまるで細くて手や足に食いこんでちぎれてしまいそうでした。

「もっと登るんだ。もっと、もっとさ。そしたらさっきのまりを投げてごらん。栗の木を越すようにさ。そいつを空へ投げるんだよ。なんだい、ふるえてるのかい。いくじなしだなあ。投げるんだよ。投げるんだよ。そら、投げるんだよ。」

ブドリはしかたなく力いっぱいにそれを青空に投げたと思いましたら、にわかにお日さまがまっ黒に見えて逆しまに下へおちました。そしていつか、その男に受けとめられていたのでした。男はブドリを地面におろしながらぷりぷりおこり出しました。

「お前もいくじのないやつだ。なんというふにゃふにゃだ。おれが受け止めてやらなかったらお前は今ごろは頭がはじけていたろう。おれはお前の命の恩人だぞ。これからは、失礼なことを言ってはならん。ところで、さあ、こんどはあっちの木へ登れ。も少したったらごはんもたべさせてやるよ。」男はまたブドリへ新しいまりを渡しました。ブドリははしごをもって次の木へ行ってまりを投げました。

「よし、なかなかじょうずになった。さあ、まりはたくさんあるぞ。なまけるな。木も栗の木ならどれでもいいんだ。」

男はポケットから、まりを十ばかり出してブドリに渡すと、すたすた向こうへ行ってしまいました。ブドリはまた三つばかりそれを投げましたが、どうしても息がはあはあして、からだがだるくてたまらなくなりました。もう家へ帰ろうと思って、そっちへ行って見ますと、おどろいたことには、家にはいつか赤い土管の煙突がついて、戸口には、「イーハトーヴてぐす工場」という看板がかかっているのでした。そして中からたばこをふかしながら、さっきの男が出て来ました。

「さあこども、たべものをもってきてやったぞ。これを食べて暗くならないうちにもう少しかせぐんだ。」

「ぼくはもういやだよ、うちへ帰るよ。」

「うちっていうのはあすこか。あすこはおまえのうちじゃない。おれのてぐす工場だよ。あの家もこの辺の森もみんなおれが買ってあるんだからな。」

ブドリはもうやけになって、だまってその男のよこした蒸しパンをむしゃむしゃたべて、またまりを十ばかり投げました。

その晩ブドリは、昔のじぶんのうち、いまはてぐす工場になっている建物のすみに、小さくなってねむりました。

さっきの男は、三四人の知らない人たちとおそくまで炉ばたで火をたいて、何か飲んだりしゃべったりしていました。次の朝早くから、ブドリは森に出て、きのうのようにはたらきました。

それから一月ばかりたって、森じゅうの栗《くり》の木に網がかかってしまいますと、てぐす飼いの男は、こんどは粟《あわ》のようなものがいっぱいついた板きれを、どの木にも五六枚ずつつるさせました。そのうちに木は芽を出して森はまっ青《さお》になりました。すると、木につるした板きれから、たくさんの小さな青じろい虫が糸をつたって列になって枝へはいあがって行きました。

ブドリたちはこんどは毎日薪《たきぎ》とりをさせられました。その薪が、家のまわりに小山のように積み重なり、栗《くり》の木が青じろいひものかたちの花を枝いちめんにつけるころになりますと、あの板からはいあがって行った虫も、ちょうど栗の花のような色とかたちになりました。そして森じゅうの栗の葉は、まるで形もなくその虫に食い荒らされてしまいました。

それからまもなく、虫は大きな黄いろな繭を、網の目ごとにかけはじめました。

するとてぐす飼いの男は、狂気のようになって、ブドリたちをしかりとばして、その繭を籠《かご》に集めさせました。それをこんどは片っぱしから鍋《なべ》に入れてぐらぐら煮て、手で車をまわしながら糸をとりました。夜も昼もがらがらがらがら三つの糸車をまわして糸をとりました。こうしてこしらえた黄いろな糸が小屋に半分ばかりたまったころ、外に置いた繭からは、大きな白い蛾《が》がぽろぽろぽろぽろ飛びだしはじめました。てぐす飼いの男は、まるで鬼みたいな顔つきになって、じぶんも一生けん命糸をとりましたし、野原のほうからも四人の人を連れてきて働かせました。けれども蛾のほうは日ましに多く出るようになって、しまいには森じゅうまるで雪でも飛んでいるようになりました。するとある日、六七台の荷馬車が来て、いままでにできた糸をみんなつけて、町のほうへ帰りはじめました。みんなも一人ずつ荷馬車について行きました。いちばんしまいの荷馬車がたったとき、てぐす飼いの男が、ブドリに、

「おい、お前の来春まで食うくらいのものは家の中に置いてやるからな。それまでここで森と工場の番をしているんだぞ。」

と言って、変ににやにやしながら荷馬車についてさっさと行ってしまいました。

ブドリはぼんやりあとへ残りました。うちの中はまるできたなくてあらしのあとのようでしたし、森は荒れはてて山火事にでもあったようでした。ブドリが次の日、家のなかやまわりを片付けはじめましたら、てぐす飼いの男がいつもすわっていた所から古いボール紙の箱を見つけました。中には十冊ばかりの本がぎっしりはいっておりました。開いて見ると、てぐすの絵や機械の図がたくさんある、まるで読めない本もありましたし、いろいろな木や草の図と名前の書いてあるものもあり

ました。

ブドリはいっしょうけんめい、その本のまねをして字を書いたり、図をうつしたりしてその冬を暮らしました。

春になりますと、またあの男が六七人のあたらしい手下を連れて、たいへん立派なりをしてやって来ました。そして次の日からすっかり去年のような仕事がはじまりました。

そして網はみんなかかり、黄いろな板もつるされ、虫は枝にはい上がり、ブドリたちはまた、薪《たきぎ》作りにかかることになりました。ある朝ブドリたちが薪をつくっていましたら、にわかにぐらぐらっと地震がはじまりました。それからずうっと遠くでどーんという音がしました。

しばらくたつと日が変にくらくなり、こまかな灰がばさばさばさばさ降って来て、森はいちめんにまっ白になりました。ブドリたちがあきれて木の下にしゃがんでいましたら、てぐす飼いの男がたいへんあわてててやって来ました。

「おい、みんな、もうだめだぞ。噴火だ。噴火がはじまったんだ。てぐすはみんな灰をかぶって死んでしまった。みんな早く引き揚げてくれ。おい、ブドリ、お前ここにいたかったらいてもいいが、こんどはたべ物は置いてやらないぞ。それにここにいてもあぶないからな。お前も野原へ出て何かかせぐほうがいいぜ。」

そう言ったかと思うと、もうどんどん走って行ってしまいました。ブドリが工場へ行って見たときは、もうだれもおりませんでした。そこでブドリは、しょんぼりとみんなの足跡のついた白い灰をふんで野原のほうへ出て行きました。

三　沼ばたけ

ブドリは、いっぱいに灰をかぶった森の間を、町のほうへ半日歩きつづけました。灰は風の吹くたびに木からばさばさ落ちて、まるでけむりか吹雪《ふぶき》のようでした。けれどもそれは野原へ近づくほど、だんだん浅く少なくなって、ついには木も緑に見え、みちの足跡も見えないくらいになりました。

とうとう森を出切ったとき、ブドリは思わず目をみはりました。野原は目の前から、遠くのまっしろな雲まで、美しい桃いろと緑と灰いろのカードでできているようでした。そばへ寄って見ると、その桃いろなのには、いちめんにせいの低い花が咲いていて、蜜蜂《みつばち》がいそがしく花から花をわたってあるいていましたし、緑いろなのには小さな穂を出して草がぎっしりはえ、灰いろなのは浅い泥の沼でした。そしてどれも、低い幅のせまい土手でくぎられ、人は馬を使ってそれを掘り起こしたりかき回したりしてはたらいていました。

ブドリがその間を、しばらく歩いて行きますと、道のまん中に二人の人が、大声で何かけんかでもするように言い合っていました。右側のほうのひげの赭《あか》い人が言いました。

「なんでもかんでも、おれは山師張るときめた。」

するとも一人の白い笠《かさ》をかぶった、せいの高いおじいさんが言いました。

「やめろって言ったらやめるもんだ。そんなに肥料うんと入れて、藁《わら》はとれるたって、実は一粒もとれるもんでない。」

「うんにゃ、おれの見込みでは、ことしは今までの三年分暑いに相違ない。一年で三年分とって見せる。」

「やめろ。やめろ。やめろったら。」

「うんにゃ、やめない。花はみんな埋めてしまったから、こんどは豆玉を六十枚入れて、それから鶏の糞《かえし》、百駄《だん》入れるんだ。急がしったらなんの、こう忙しくなればささげのつるでもいいから手伝いに頼みたいもんだ。」

ブドリは思わず近寄っておじぎをしました。

「そんならぼくを使ってくれませんか。」

すると二人は、ぎょっとしたように顔をあげて、あごに手をあててしばらくブドリを見ていましたが、赤ひげがにわかに笑い出しました。

「よしよし。お前に馬の指竿《させ》とりを頼むからな。すぐおれについて行くんだ。それではまず、のるかそるか、秋まで見ててくれ。さあ行こう。ほんとに、ささげのつるでもいいから頼みたい時でな。」

赤ひげは、ブドリとおじいさんにかわるがわる言いながら、さっさと先に立って歩きました。あとではおじいさんが、

「年寄りの言うこと聞かないで、いまに泣くんだな。」とつぶやきながら、しばらくこっちを見送っているようすでした。

それからブドリは、毎日毎日沼ばたけへはいって馬を使って泥をかき回しました。一日ごとに桃いろのカードも緑のカードもだんだんつぶされて、泥沼に変わるのでした。馬はたびたびぴしゃっと泥水をはねあげて、みんなの顔へ打ちつけました。一つの沼ばたけがすめばすぐ次の沼ばたけへはいるのでした。一日がとても長くて、しまいには歩いているのかどうかもわからなくなったり、泥が飴《あめ》のような、水がスープのような気がしたりするのでした。風が何べんも吹いて来て、近くの泥水に魚のうろこのような波をたて、遠くの水をブリキいろにして行きました。そらでは、毎日甘くすっぱいような雲が、ゆっくりゆっくりながれていて、それがじつにうらやましそうに見えました。

こうして二十日《はつか》ばかりたちますと、やっと沼ばたけはすっかりどろどろになりました。次の朝から主人はまるで気が立って、あちこちから集まって来た人たちといっしょに、その沼ばたけに緑いろの槍《やり》のようなオリザの苗をいちめん植えました。それが十日ばかりで済むと、今度はブドリたちを連れて、今まで手伝ってもらった人たちの家へ毎日働きにでかけました。それもやっと一まわり済むと、こんどはまたじぶんの沼ばたけへ戻って来て、毎日毎日草取りをはじめました。ブドリの主人の苗は大きくなってまるで黒いくらいなのに、となりの沼ばたけはぼんやりしたうすい緑いろでしたから、遠くから見ても、二人の沼ばたけははっきり境まで見わかりました。七日ばかりで草取りが済むとまたほかへ手伝いに行きました。

ところがある朝、主人はブドリを連れて、じぶんの沼ばたけを通りながら、にわかに「あっ」と叫んで棒立ちになってしまいました。見るとくちびるのいろまで水いろになって、ぼんやりまっすぐを見つめているのです。

「病気が出たんだ。」主人がやっと言いました。

「頭でも痛いんですか。」ブドリはききました。

「おれでないよ。オリザよ。それ。」主人は前のオリザの株を指さしました。ブドリはしゃがんでしらべてみますと、なるほどどの葉にも、いままで見たことのない赤い点々がついていました。主人はだまってしおしおと沼ばたけを一まわりしましたが、家へ帰りはじめました。ブドリも心配してついて行きますと、主人はだまって巾《きれ》を水でしぼって、頭にのせると、そのまま板の間に寝てしまいました。するとまもなく、主人のおかみさんが表からかけ込んで来ました。

「オリザへ病気が出たというのはほんとうかい。」

「ああ、もうだめだよ。」

「どうにかならないのかい。」

「だめだろう。すっかり五年前のとおりだ。」

「だから、あたしはあんたに山師をやめろといったんじゃないか。おじいさんもあんなにとめたんじゃないか。」

おかみさんはおろおろ泣きはじめました。すると主人がにわかに元気になってむっくり起き上がりました。

「よし。イーハトーヴの野原で、指折り数えられる大百姓のおれが、こんなことで参るか。よし。来年こそやるぞ。ブドリ、おまえおれのうちへ来てから、まだ一晩も寝たいくらい寝たことがないな。さあ、五日でも十日でもいいから、ぐうというくらい寝てしまえ。おれはそのあとで、あすこの沼ばたけでおもしろい手品《てずま》をやって見せるからな。その代わりことしの冬は、家じゅうそばばかり食うんだぞ。おまえそばはすきだろうが。」それから主人はさっさと帽子をかぶって外へ出て行ってしまいました。

ブドリは主人に言われたとおり納屋《なや》へはいって眠ろうと思いましたが、なんだかやっぱり沼ばたけが苦になってしかたないので、またのろのろそっちへ行って見ました。するといつ来ていたのか、主人がたった一人腕組みをして土手に立っておりました。見ると沼ばたけには水がいっぱいで、オリザの株は葉をやっと出しているだけ、上にはぎらぎら石油が浮かんでいるのでした。主人が言いました。

「いまおれ、この病気を蒸し殺してみるところだ。」

「石油で病気の種が死ぬんですか。」とブドリがききますと、主人は、

「頭から石油につけられたら人だって死ぬだ。」と言いながら、ほうと息を吸って首をちぢめました。その時、水下の沼ばたけの持ち主が、肩をいからして、息を切ってかけて来て、大きな声でど

なりました。

「なんだって油など水へ入れるんだ。みんな流れて来て、おれのほうへはいってるぞ。」

主人は、やけくそに落ちついて答えました。

「なんだって油など水へ入れるったって、オリザへ病気がついたから、油など水へ入れるのだ。」

「なんだってそんならおれのほうへ流すんだ。」

「なんだってそんならおまえのほうへ流すったって、水は流れるから油もついて流れるのだ。」

「そんならなんだっておれのほうへ水こないように水口《みなくち》とめないんだ。」

「なんだっておまえのほうへ水行かないように水口とめないかったって、あすこはおれのみな口でないから水とめないのだ。」

となりの男は、かんかんおこってしまってもう物も言えず、いきなりがぶがぶ水へはいって、自分の水口に泥を積みあげはじめました。主人はにやりと笑いました。

「あの男むずかしい男でな。こっちで水をとめると、とめたといっておこるからわざと向こうにとめさせたのだ。あすこさえとめれば今夜じゅうに水はすっかり草の頭までかかるからな、さあ帰ろう。」主人はさきに立ってすたすた家へあるきはじめました。

次の朝ブドリはまた主人と沼ばたけへ行ってみました。主人は水の中から葉を一枚とってしきりにしらべていましたが、やっぱり浮かない顔でした。その次の日もそうでした。その次の日もそうでした。その次の日もそうでした。その次の朝、とうとう主人は決心したように言いました。

「さあブドリ、いよいよここへ蕎麦播《そばま》きだぞ。おまえあすこへ行って、となりの水口こわして来い。」

ブドリは、言われたとおりこわして来ました。石油のはいった水は、恐ろしい勢いでとなりの田へ流れて行きます。きっとまたおこってくるなと思っていますと、ひるごろ例のとなりの持ち主が、大きな鎌《かま》をもってやってきました。

「やあ、なんだってひとの田へ石油ながすんだ。」

主人がまた、腹の底から声を出して答えました。

「石油ながれればなんだって悪いんだ。」

「オリザみんな死ぬでないか。」

「オリザみんな死ぬか、オリザみんな死なないか、まずおれの沼ばたけのオリザ見なよ。きょうで四日頭から石油かぶせたんだ。それでもちゃんとこのとおりでないか。赤くなったのは病気のためで、勢いのいいのは石油のためなんだ。おまえの所など、石油がただオリザの足を通るだけでないか。かえっていいかもしれないんだ。」

「石油こやしになるのか。」向こうの男は少し顔いろをやわらげました。

「石油こやしになるか、石油こやしにならないか知らないが、とにかく石油は油でないか。」

「それは石油は油だな。」男はすっかりきげんを直してわらいました。水はどんどん退《ひ》き、オリザの株は見る見る根もとまで出て来ました。すっかり赤い斑《まだら》ができて焼けたようになっています。

「さあおれの所ではもうオリザ刈りをやるぞ。」

主人は笑いながら言って、それからブドリといっしょに、片っぱしからオリザの株を刈り、跡へすぐ蕎麦《そば》を播《ま》いて土をかけて歩きました。そしてその年はほんとうに主人の言ったとおり、ブドリの家では蕎麦ばかり食べました。次の春になると主人が言いました。

「ブドリ、ことしは沼ばたけは去年よりは三分の一減ったからな、仕事はよほどらくだ。そのかわりおまえは、おれの死んだ息子《むすこ》の読んだ本をこれから一生けん命勉強して、いままでおれを山師だといってわらったやつらを、あっと言わせるような立派なオリザを作るくふうをしてくれ。」

そして、いろいろな本を一山ブドリに渡しました。ブドリは仕事のひまに片っぱしからそれを読みました。ことにその中の、クーボーという人の物の考え方を教えた本はおもしろかったので何べんも読みました。またその人が、イーハトーヴの市で一か月の学校をやっているのを知って、たいへん行って習いたいと思ったりしました。

そして早くもその夏、ブドリは大きな手柄をたてました。それは去年と同じころ、またオリザに病気ができかかったのを、ブドリが木の灰と食塩《しお》を使って食いとめたのでした。そして八月のなかばになると、オリザの株はみんなそろって穂を出し、その穂の一枝ごとに小さな白い花が咲き、花はだんだん水いろの籾《もみ》にかわって、風にゆらゆら波をたてるようになりました。主人はもう得意の絶頂でした。来る人ごとに、

「なんの、おれも、オリザの山師で四年しくじったけれども、ことしは一度に四年分とれる。これもまたなかなかいいもんだ。」などと言って自慢するのでした。

ところがその次の年はそうは行きませんでした。植え付けのころからさっぱり雨が降らなかったために、水路はかわいてしまい、沼にはひびが入って、秋のとりいれはやっと冬じゅう食べるくらいでした。来年こそと思っていましたが、次の年もまた同じようなひでりでした。それからも、来年こそ来年こそと思いながら、ブドリの主人は、だんだんこやしを入れることができなくなり、馬も売り、沼ばたけもだんだん売ってしまったのでした。

ある秋の日、主人はブドリにつらそうに言いました。

「ブドリ、おれももとはイーハトーヴの大百姓だったし、ずいぶんかせいでも来たのだが、たびたびの寒さと旱魃《かんばつ》のために、いまでは沼ばたけも昔の三分の一になってしまったし、来年はもう入れるこやしもないのだ。おれだけでない。来年こやしを買って入れれる人ったらもうイーハトーヴにも何人もないだろう。こういうあんばいでは、いつになっておまえにはたらいてもらった礼をするというあてもない。おまえも若い働き盛りを、おれのとこで暮らしてしまってはあんまり気の毒だから、済まないがどうかこれを持って、どこへでも行っていい運を見つけてくれ。」そして主人は、一ふくろのお金と新しい紺で染めた麻の服と赤皮の靴《くつ》とをブドリにくれました。

ブドリはいままでの仕事のひどかったことも忘れてしまって、もう何もいらないから、ここで働いていたいとも思いましたが、考えてみると、いてもやっぱり仕事もそんなにないので、主人に何べんも何べんも礼を言って、六年の間はたらいた沼ばたけと主人に別れて、停車場をさして歩きだしました。

四　クーボー大博士

ブドリは二時間ばかり歩いて、停車場へ来ました。それから切符を買って、イーハトーヴ行きの汽車に乗りました。汽車はいくつもの沼ばたけをどんどんどんどんうしろへ送りながら、もう一散に走りました。その向こうには、たくさんの黒い森が、次から次と形を変えて、やっぱりうしろのほうへ残されて行くのでした。ブドリはいろいろな思いで胸がいっぱいでした。早くイーハトーヴの市に着いて、あの親切な本を書いたクーボーという人に会い、できるなら、働きながら勉強して、みんながあんなにつらい思いをしないで沼ばたけを作れるよう、また火山の灰だのひでりだの寒さだのを除くくふうをしたいと思うと、汽車さえまどろこくってたまらないくらいでした。汽車はその日のひるすぎ、イーハトーヴの市に着きました。停車場を一足出ますと、地面の底から、何かのんのんわくようなひびきやどんよりとしたくらい空気、行ったり来たりするたくさんの自動車に、ブドリはしばらくぼうとしてつっ立ってしまいました。やっと気をとりなおして、そこらの人にクーボー博士の学校へ行くみちをたずねました。するとだれへきいても、みんなブドリのあまりまじめな顔を見て、吹き出しそうにしながら、

「そんな学校は知らんね。」とか、

「もう五六丁行ってきいてみな。」とかいうのでした。そしてブドリがやっと学校をさがしあてた

のはもう夕方近くでした。その大きなこわれかかった白い建物の二階で、だれか大きな声でしゃべっていました。

「今日は。」ブドリは高く叫びました。だれも出てきませんでした。

「今日はあ。」ブドリはあらん限り高く叫びました。するとすぐ頭の上の二階の窓から、大きな灰いろの顔が出て、めがねが二つぎらりと光りました。それから、

「今授業中だよ、やかましいやつだ。用があるならはいって来い。」とどなりつけて、すぐ顔を引っ込めますと、中ではおおぜいでどっと笑い、その人はかまわずまた何か大声でしゃべっています。

ブドリはそこで思い切って、なるべく足音をたてないように二階にあがって行きますと、階段のつき当たりの扉《とびら》があいていて、じつに大きな教室が、ブドリのまっ正面にあらわれました。中にはさまざまの服装をした学生がぎっしりです。向こうは大きな黒い壁になっていて、そこにたくさんの白い線が引いてあり、さっきのせいの高い目がねをかけた人が、大きな櫓《やぐら》の形の模型をあちこち指さしながら、さっきのままの高い声で、みんなに説明しておりました。

ブドリはそれを一目見ると、ああこれは先生の本に書いてあった歴史の歴史ということの模型だなと思いました。先生は笑いながら、一つのとってを回しました。模型はがちっと鳴って奇体な船のような形になりました。またがちっととってを回すと、模型はこんどは大きなむかでのような形に変わりました。

みんなはしきりに首をかたむけて、どうもわからんというふうにしていましたが、ブドリにはた

だおもしろかったのです。

「そこでこういう図ができる。」先生は黒い壁へ別の込み入った図をどんどん書きました。

左手にもチョークをもって、さっさと書きました。学生たちもみんな一生けん命そのまねをしました。ブドリもふところから、いままで沼ばたけで持っていたきたない手帳を出して図を書きとりました。先生はもう書いてしまって、壇の上にまっすぐに立って、じろじろ学生たちの席を見まわしています。ブドリも書いてしまって、その図を縦横から見ていますと、ブドリのとなりで一人の学生が、

「あああ。」とあくびをしました。ブドリはそっとききました。

「ね、この先生はなんて言うんですか。」

すると学生はばかにしたように鼻でわらいながら答えました。

「クーボー大博士さ、お前知らなかったのかい。」それからじろじろブドリのようすを見ながら、

「はじめから、この図なんか書けるもんか。ぼくでさえ同じ講義をもう六年もきいているんだ。」

と言って、じぶんのノートをふところへしまってしまいました。その時教室に、ぱっと電燈がつきました。もう夕方だったのです。大博士が向こうで言いました。

「いまや夕べははるかにきたり、拙講もまた全課をおえた。諸君のうちの希望者は、けだしいつもの例により、そのノートをば拙者に示し、さらに数箇の試問を受けて、所属を決すべきである。」

学生たちはわあと叫んで、みんなばたばたノートをとじました。それからそのまま帰ってしまうも

のが大部分でしたが、五六十人は一列になって大博士の前をとおりながらノートを開いて見せるのでした。すると大博士はそれをちょっと見て、一言か二言質問をして、それから白墨でえりへ、「合」とか、「再来」とか、「奮励」とか書くのでした。学生はその間、いかにも心配そうに首をちぢめているのでしたが、それからそっと肩をすぼめて廊下まで出て、友だちにそのしるしを読んでもらって、よろこんだりしょげたりするのでした。

ぐんぐん試験が済んで、いよいよブドリ一人になりました。ブドリがその小さなきたない手帳を出したとき、クーボー大博士は大きなあくびをやりながら、かがんで目をぐっと手帳につけるようにしましたので、手帳はあぶなく大博士に吸い込まれそうになりました。

ところが大博士は、うまそうにこくっと一つ息をして、「よろしい。この図は非常に正しくできている。そのほかのところは、なんだ。ははあ、沼ばたけのこやしのことに、馬のたべ物のことかね。では問題に答えなさい。工場の煙突から出るけむりには、どういう色の種類があるか。」

ブドリは思わず大声に答えました。

「黒、褐《かっ》、黄、灰、白、無色。それからこれらの混合です。」

大博士はわらいました。

「無色のけむりはたいへんいい。形について言いたまえ。」

「無風で煙が相当あれば、たての棒にもなりますが、さきはだんだんひろがります。雲の非常に低い日は、棒は雲までのぼって行って、そこから横にひろがります。風のある日は、棒は斜めになりますが、その傾きは風の程度に従います。波やいくつもきれになるのは、風のためにもよりますが、一つはけむりや煙突のもつ癖のためです。あまり煙の少ないときは、コルク抜きの形にもなり、煙も重いガスがまじれば、煙突の口から房《ふさ》になって、一方ないし四方におちることもあります。」

大博士はまたわらいました。

「よろしい。きみはどういう仕事をしているのか。」

「仕事をみつけに来たんです。」

「おもしろい仕事がある。名刺をあげるから、そこへすぐ行きなさい。」博士は名刺をとり出して、何かするする書き込んでブドリにくれました。ブドリはおじぎをして、戸口を出て行こうとしますと、大博士はちょっと目で答えて、

「なんだ、ごみを焼いてるのかな。」と低くつぶやきながら、テーブルの上にあった鞄《かばん》に、白墨《チョーク》のかけらや、はんけちや本や、みんないっしょに投げ込んで小わきにかかえ、さっき顔を出した窓から、プイッと外へ飛び出しました。びっくりしてブドリが窓へかけよって見ますと、いつか大博士は玩具《おもちゃ》のような小さな飛行船に乗って、じぶんでハンドルをとりながら、もううす青いもやのこめた町の上を、まっすぐに向こうへ飛んでいるのでした。ブドリがいよいよあきれて見ていますと、まもなく大博士は、向こうの大きな灰いろの建物の平屋根に着いて、船を何かかぎのようなものにつなぐと、そのままぽろっと建物の中へはいって見えなくなってしまいました。

五　イーハトーヴ火山局

　ブドリが、クーボー大博士からもらった名刺のあて名をたずねて、やっと着いたところは大きな茶いろの建物で、うしろには房《ふさ》のような形をした高い柱が夜のそらにくっきり白く立っておりました。ブドリは玄関に上がって呼び鈴を押しますと、すぐ人が出て来て、ブドリの出した名刺を受け取り、一目見ると、すぐブドリを突き当たりの大きな室へ案内しました。

　そこにはいままでに見たこともないような大きなテーブルがあって、そのまん中に一人の少し髪の白くなった人のよさそうな立派な人が、きちんとすわって耳に受話器をあてながら何か書いていました。そしてブドリのはいって来たのを見ると、すぐ横の椅子《いす》を指さしながら、また続けて何か書きつけていきます。

　その室の右手の壁いっぱいに、イーハトーヴ全体の地図が、美しく色どった大きな模型に作ってあって、鉄道も町も川も野原もみんな一目でわかるようになっており、そのまん中を走るせぼねのような山脈と、海岸に沿って縁をとったようになっている山脈、またそれから枝を出して海の中に点々の島をつくっている一列の山々には、みんな赤や橙《だいだい》や黄のあかりがついていて、それがかわるがわる色が変わったりジーと蟬《せみ》のように鳴ったり、数字が現われたり消えたりしているのです。下の壁に添った棚《たな》には、黒いタイプライターのようなものが三列に百でもきかないくらい並んで、みんなしずかに動いたり鳴ったりしているのでした。ブドリがわれを忘れて見とれておりますと、その人が受話器をことっと置いて、ふところから名刺入れを出して、一枚の名刺をブドリに出しながら「あなたが、グスコーブドリ君ですか。私はこういうものです。」と言いました。見ると、〔イーハトーヴ火山局技師ペンネンナーム〕と書いてありました。その人はブドリの挨拶《あいさつ》になれないでもじもじしているのを見ると、重ねて親切に言いました。

「さっきクーボー博士から電話があったのでお待ちしていました。まあこれから、ここで仕事をしながらしっかり勉強してごらんなさい。ここの仕事は、去年はじまったばかりですが、じつに責任のあるもので、それに半分はいつ噴火するかわからない火山の上で仕事するものなのです。それに火山の癖というものは、なかなか学問でわかることではないのです。われわれはこれからよほどしっかりやらなければならんのです。では今晩はあっちにあなたの泊まるところがありますから、そこでゆっくりお休みなさい。あしたこの建物じゅうをすっかり案内しますから。」

次の朝、ブドリはペンネン老技師に連れられて、建物のなかを一々つれて歩いてもらい、さまざまの機械やしかけを詳しく教わりました。その建物のなかのすべての器械はみんなイーハトーヴじゅうの三百幾つかの活火山や休火山に続いていて、それらの火山の煙や灰を噴《ふ》いたり、熔岩《ようがん》を流したりしているようすはもちろん、みかけはじっとしている古い火山でも、その中の熔岩やガスのもようから、山の形の変わりようまで、みんな数字になったり図になったりして、あらわれて来るのでした。そしてはげしい変化のあるたびに、模型はみんな別々の音で鳴るのでした。

ブドリはその日からペンネン老技師について、すべての器械の扱い方や観測のしかたを習い、夜も昼も一心に働いたり勉強したりしました。そして二年ばかりたちますと、ブドリはほかの人たちといっしょにあちこちの火山へ器械を据え付けに出されたり、据え付けてある器械の悪くなったのを修繕にやられたりもするようになりましたので、もうブドリにはイーハトーヴの三百幾つの火山と、その働き具合は掌《たなごころ》の中にあるようにわかって来ました。

じつにイーハトーヴには、七十幾つの火山が毎日煙をあげたり、熔岩を流したりしているのでした、五十幾つかの休火山は、いろいろなガスを噴《ふ》いたり、熱い湯を出したりしていました。そして残りの百六七十の死火山のうちにも、いつまた何をはじめるかわからないものもあるのでした。

ある日ブドリが老技師とならんで仕事をしておりますと、にわかにサンムトリという南のほうの海岸にある火山が、むくむく器械に感じ出して来ました。老技師が叫びました。

「ブドリ君。サンムトリは、けさまで何もなかったね。」

「はい、いままでサンムトリのはたらいたのを見たことがありません。」

「ああ、これはもう噴火が近い。けさの地震が刺激したのだ。この山の北十キロのところにはサンムトリの市がある。今度爆発すれば、たぶん山は三分の一、北側をはねとばして、牛やテーブルぐらいの岩は熱い灰やガスといっしょに、どしどしサンムトリ市におちてくる。どうでも今のうちに、この海に向いたほうへボーリングを入れて傷口をこさえて、ガスを抜くか熔岩を出させるかしなければならない。今すぐ二人で見に行こう。」二人はすぐにしたくして、サンムトリ行きの汽車に乗りました。

六　サンムトリ火山

二人は次の朝、サンムトリの市に着き、ひるごろサンムトリ火山の頂近く、観測器械を置いてある小屋に登りました。そこは、サンムトリ山の古い噴火口の外輪山が、海のほうへ向いて欠けた所で、その小屋の窓からながめますと、海は青や灰いろの幾つもの縞《しま》になって見え、その中を汽船は黒いけむりを吐き、銀いろの水脈《みお》を引いていくつもすべっているのでした。

老技師はしずかにすべての観測機を調べ、それからブドリに言いました。

「きみはこの山はあと何日ぐらいで噴火すると思うか。」

「一月はもたないと思います。」

「一月はもたない。もう十日ももたない。早く工作してしまわないと、取り返しのつかないことになる。私はこの山の海に向いたほうでは、あすこがいちばん弱いと思う。」老技師は山腹の谷の上のうす緑の草地を指さしました。そこを雲の影がしずかに青くすべっているのでした。

「あすこには熔岩《ようがん》の層が二つしかない。あとは柔らかな火山灰と火山礫《かざんれき》の層だ。それにあすこまでは牧場の道も立派にあるから、材料を運ぶことも造作《ぞうさ》ない。ぼくは工作隊を申請しよう。」

老技師は忙しく局へ発信をはじめました。その時足の下では、つぶやくようなかすかな音がして、観測小屋はしばらくぎしぎしきしみました。老技師は器械をはなれました。

「局からすぐ工作隊を出すそうだ。工作隊といっても半分決死隊だ。私はいままでに、こんな危険に迫った仕事をしたことがない。」

「十日のうちにできるでしょうか。」

「きっとできる。装置には三日、サンムトリ市の発電所から、電線を引いてくるには五日かかるな。」

技師はしばらく指を折って考えていましたが、やがて安心したようにまたしずかに言いました。

「とにかくブドリ君。一つ茶をわかして飲もうではないか。あんまりいい景色だから。」

ブドリは持って来たアルコールランプに火を入れて、茶をわかしはじめました。空にはだんだん雲が出て、それに日ももう落ちたのか、海はさびしい灰いろに変わり、たくさんの白い波がしらは、いっせいに火山のすそに寄せて来ました。

ふとブドリはすぐ目の前に、いつか見たことのあるおかしな形の小さな飛行船が飛んでいるのを見つけました。老技師もはねあがりました。

「あ、クーボー君がやって来た。」ブドリも続いて小屋をとび出しました。飛行船はもう小屋の左側の大きな岩の壁の上にとまって、中からせいの高いクーボー大博士がひらりと飛びおりていました。博士はしばらくその辺の岩の大きなさけ目をさがしていましたが、やっとそれを見つけたと見えて、手早くねじをしめて飛行船をつなぎました。

「お茶をよばれに来たよ。ゆれるかい。」大博士はにやにやわらって言いました。老技師が答えました。

「まだそんなでない。けれども、どうも岩がぼろぼろ上から落ちているらしいんだ。」

ちょうどその時、山はにわかにおこったように鳴り出し、ブドリは目の前が青くなったように思いました。山はぐらぐら続けてゆれました。見るとクーボー大博士も老技師もしゃがんで岩へしがみついていましたし、飛行船も大きな波に乗った船のようにゆっくりゆれておりました。

地震はやっとやみ、クーボー大博士は起きあがってすたすたと小屋へはいって行きました。中ではお茶がひっくり返って、アルコールが青くぽかぽか燃えていました。クーボー大博士は器械をすっかり調べて、それから老技師といろいろ話しました。そしてしまいに言いました。

「もうどうしても、来年は潮汐《ちょうせき》発電所を全部作ってしまわなければならない。それができれば今度のような場合にもその日のうちに仕事ができるし、ブドリ君が言っている沼ばたけの肥料も降らせられるんだ。」

「旱魃《かんばつ》だってちっともこわくなくなるからな。」ペンネン技師も言いました。ブドリは胸がわくわくしました。山まで踊りあがっているように思いました。じっさい山は、その時はげしくゆれ出して、ブドリは床へ投げ出されていたのです。大博士が言いました。

「やるぞ、やるぞ。いまのはサンムトリの市へも、かなり感じたにちがいない。」

老技師が言いました。

「今のはぼくらの足もとから、北へ一キロばかり、地表下七百メートルぐらいの所で、この小屋の六七十倍ぐらいの岩の塊《かたまり》が熔岩《ようがん》の中へ落ち込んだらしいのだ。ところがガスがいよいよ最後の岩の皮をはね飛ばすまでには、そんな塊を百も二百も、じぶんのからだの中にとらなければならない。」

大博士はしばらく考えていましたが、

「そうだ、僕はこれで失敬しよう。」と言って小屋を出て、いつかひらりと船に乗ってしまいました。老技師とブドリは、大博士があかりを二三度振って挨拶《あいさつ》しながら、山をまわって向こうへ行くのを見送ってまた小屋にはいり、かわるがわる眠ったり観測したりしました。そして明け方ふもとへ工作隊がつきますと、老技師はブドリを一人小屋に残して、きのう指さしたあの草地まで降りて行きました。みんなの声や、鉄の材料の触れ合う音は、下から風の吹き上げるときは、手にとるように聞こえました。ペンネン技師からはひっきりなしに、向こうの仕事の進み具合も知らせてよこし、ガスの圧力や山の形の変わりようも尋ねて来ました。それから三日の間は、はげしい地震や地鳴りのなかで、ブドリのほうもふもとのほうもほとんど眠るひまさえありませんでした。その四日目の午前、老技師からの発信が言って来ました。

「ブドリ君だな。すっかりしたくができた。急いで降りてきたまえ。観測の器械は一ぺん調べてそのままにして、表《ひょう》は全部持ってくるのだ。もうその小屋はきょうの午後にはなくなるんだから。」

ブドリはすっかり言われたとおりにして山を降りて行きました。そこにはいままで局の倉庫にあった大きな鉄材が、すっかり櫓《やぐら》に組み立っていて、いろいろな器械はもう電流さえ来ればすぐに働き出すばかりになっていました。ペンネン技師の頬《ほお》はげっそり落ち、工作隊の人たちも青ざめて目ばかり光らせながら、それでもみんな笑ってブドリに挨拶《あいさつ》しました。

　老技師が言いました。

「では引き上げよう。みんなしたくして車に乗りたまえ。」みんなは大急ぎで二十台の自動車に乗りました。車は列になって山のすそを一散にサンムトリの市に走りました。ちょうど山と市とのまん中どこで、技師は自動車をとめさせました。「ここへ天幕《てんと》を張りたまえ。そしてみんなで眠るんだ。」みんなは、物をひとことも言えずに、そのとおりにして倒れるようにねむってしまいました。

その午後、老技師は受話器を置いて叫びました。

「さあ電線は届いたぞ。ブドリ君、始めるよ。」老技師はスイッチを入れました。ブドリたちは、天幕《てんと》の外に出て、サンムトリの中腹を見つめました。野原には、白百合《しらゆり》がいちめんに咲き、その向こうにサンムトリが青くひっそり立っていました。

　にわかにサンムトリの左のすそがぐらぐらっとゆれ、まっ黒なけむりがぱっと立ったと思うとまっすぐに天までのぼって行って、おかしなきのこの形になり、その足もとから黄金色《きんいろ》の熔岩《ようがん》がきらきら流れ出して、見るまにずうっと扇形にひろがりながら海へはいりました。と思うと地面ははげしくぐらぐらゆれ、百合の花もいちめんゆれ、それからごうっというような大きな音が、みんなを倒すくらい強くやってきました。それから風がどうっと吹いて行きました。

「やったやった。」とみんなはそっちに手を延ばして高く叫びました。この時サンムトリの煙は、くずれるようにそらいっぱいひろがって来ましたが、たちまちそらはまっ暗になって、熱いこいし

がばらばらばらばら降ってきました。みんなは天幕の中にはいって心配そうにしていましたが、ペンネン技師は、時計を見ながら、

「ブドリ君、うまく行った。危険はもう全くない。市のほうへは灰をすこし降らせるだけだろう。」

と言いました。こいしはだんだん灰にかわりました。それもまもなく薄くなって、みんなはまた天幕の外へ飛び出しました。野原はまるで一めんねずみいろになって、灰は一寸ばかり積もり、百合の花はみんな折れて灰に埋まり、空は変に緑いろでした。そしてサンムトリのすそには小さなこぶができて、そこから灰いろの煙が、まだどんどんのぼっておりました。

その夕方、みんなは灰やこいしを踏んで、もう一度山へのぼって、新しい観測の器械を据え着けて帰りました。

七　雲の海

それから四年の間に、クーボー大博士の計画どおり、潮汐《ちょうせき》発電所は、イーハトーヴの海岸に沿って、二百も配置されました。イーハトーヴをめぐる火山には、観測小屋といっしょに、白く塗られた鉄の櫓《やぐら》が順々に建ちました。

ブドリは技師心得になって、一年の大部分は火山から火山と回ってあるいたり、あぶなくなった火山を工作したりしていました。

次の年の春、イーハトーヴの火山局では、次のようなポスターを村や町へ張りました。

「窒素肥料を降らせます。

ことしの夏、雨といっしょに、硝酸アムモニヤをみなさんの沼ばたけや蔬菜《そさい》ばたけに降らせますから、肥料を使うかたは、その分を入れて計算してください。分量は百メートル四方につき百二十キログラムです。

雨もすこしは降らせます。

旱魃《かんばつ》の際には、とにかく作物の枯れないぐらいの雨は降らせることができますから、いままで水が来なくなって作付《さくづけ》しなかった沼ばたけも、ことしは心配せずに植え付けてください。」

その年の六月、ブドリはイーハトーヴのまん中にあたるイーハトーヴ火山の頂上の小屋におりました。下はいちめん灰いろをした雲の海でした。そのあちこちからイーハトーヴじゅうの火山のいただきが、ちょうど島のように黒く出ておりました。その雲のすぐ上を一隻《せき》の飛行船が、船尾からまっ白な煙を噴《ふ》いて、一つの峯から一つの峯へちょうど橋をかけるように飛びまわっていました。そのけむりは、時間がたつほどだんだん太くはっきりなってしずかに下の雲の海に落ちかぶさり、まもなく、いちめんの雲の海にはうす白く光る大きな網が山から山へ張りわたされました。いつか飛行船はけむりを納めて、しばらく挨拶《あいさつ》するように輪を描いていましたが、やがて船首をたれてしずかに雲の中へ沈んで行ってしまいました。

受話器がジーと鳴りました。ペンネン技師の声でした。

「飛行船はいま帰って来た。下のほうのしたくはすっかりいい。雨はざあざあ降っている。もうよかろうと思う。はじめてくれたまえ。」

ブドリはぼたんを押しました。見る見るさっきのけむりの網は、美しい桃いろや青や紫に、パッパッと目もさめるようにかがやきながら、ついたり消えたりしました。ブドリはまるでうっとりとしてそれに見とれました。そのうちにだんだん日は暮れて、雲の海もあかりが消えたときは、灰いろかねずみいろかわからないようになりました。

受話器が鳴りました。

「硝酸アムモニヤはもう雨の中へでてきている。量もこれぐらいならちょうどいい。移動のぐあいもいいらしい。あと四時間やれば、もうこの地方は今月中はたくさんだろう。つづけてやってくれたまえ。」

ブドリはもううれしくってはね上がりたいくらいでした。

この雲の下で昔の赤ひげの主人も、となりの石油がこやしになるかと言った人も、みんなよろこんで雨の音を聞いている。そしてあすの朝は、見違えるように緑いろになったオリザの株を手でなでたりするだろう。まるで夢のようだと思いながら、雲のまっくらになったり、また美しく輝いたりするのをながめておりました。ところが短い夏の夜はもう明けるらしかったのです。電光の合間に、東の雲の海のはてがぼんやり黄ばんでいるのでした。

　ところがそれは月が出るのでした。大きな黄いろな月がしずかにのぼってくるのでした。そして雲が青く光るときは変に白っぽく見え、桃いろに光るときは何かわらっているように見えるのでした。ブドリは、もうじぶんがだれなのか、何をしているのか忘れてしまって、ただぼんやりそれをみつめていました。

　受話器はジーと鳴りました。

「こっちではだいぶ雷が鳴りだして来た。網があちこちちぎれたらしい。あんまり鳴らすとあしたの新聞が悪口を言うからもう十分ばかりでやめよう。」

　ブドリは受話器を置いて耳をすましました。雲の海はあっちでもこっちでもぶつぶつぶつぶつつぶやいているのです。よく気をつけて聞くとやっぱりそれはきれぎれの雷の音でした。

　ブドリはスイッチを切りました。にわかに月のあかりだけになった雲の海は、やっぱりしずかに北へ流れています。ブドリは毛布をからだに巻いてぐっすり眠りました。

八　秋

　その年の農作物の収穫は、気候のせいもありましたが、十年の間にもなかったほど、よくできましたので、火山局にはあっちからもこっちからも感謝状や激励の手紙が届きました。ブドリははじめてほんとうに生きがいがあるように思いました。

ところがある日、ブドリがタチナという火山へ行った帰り、とりいれの済んでがらんとした沼ばたけの中の小さな村を通りかかりました。ちょうどひるころなので、パンを買おうと思って、一軒の雑貨や菓子を売っている店へ寄って、

「パンはありませんか。」とききました。するとそこには三人のはだしの人たちが、目をまっ赤《か》にして酒を飲んでおりましたが、一人が立ち上がって、

「パンはあるが、どうも食われないパンでな。石盤《セキバン》だもな。」とおかしなことを言いますと、みんなはおもしろそうにブドリの顔を見てどっと笑いました。ブドリはいやになって、ぷいっと表へ出ましたら、向こうから髪を角刈りにしたせいの高い男が来て、いきなり、

「おい、お前、ことしの夏、電気でこやし降らせたブドリだな。」と言いました。

「そうだ。」ブドリは何げなく答えました。その男は高く叫びました。

「火山局のブドリが来たぞ。みんな集まれ。」

すると今の家の中やそこらの畑から、十八人の百姓たちが、げらげらわらってかけて来ました。

「この野郎、きさまの電気のおかげで、おいらのオリザ、みんな倒れてしまったぞ。何《な》してあんなまねしたんだ。」一人が言いました。

ブドリはしずかに言いました。

「倒れるなんて、きみらは春に出したポスターを見なかったのか。」

「何この野郎。」いきなり一人がブドリの帽子をたたき落としました。それからみんなは寄ってたかってブドリをなぐったりふんだりしました。ブドリはとうとう何がなんだかわからなくなって倒れてしまいました。

気がついてみるとブドリはどこかの病院らしい室の白いベッドに寝ていました。枕《まくら》もとには見舞いの電報や、たくさんの手紙がありました。ブドリのからだじゅうは痛くて熱く、動くことができませんでした。けれどもそれから一週間ばかりたちますと、もうブドリはもとの元気になっていました。そして新聞で、あのときの出来事は、肥料の入れようをまちがって教えた農業技師が、オリザの倒れたのをみんな火山局のせいにして、ごまかしていたためだということを読んで、大きな声で一人で笑いました。

その次の日の午後、病院の小使がはいって来て、
「ネリというご婦人のおかたがたずねておいでになりました。」と言いました。ブドリは夢ではないかと思いましたら、まもなく一人の日に焼けた百姓のおかみさんのような人が、おずおずとはいって来ました。それはまるで変わってはいましたが、あの森の中からだれかにつれて行かれたネリだったのです。二人はしばらく物も言えませんでしたが、やっとブドリが、その後のことをたずねますと、ネリもぼつぼつとイーハトーヴの百姓のことばで、今までのことを話しました。ネリを連れて行ったあの男は、三日ばかりの後、めんどうくさくなったのか、ある小さな牧場の近くへネリを残して、どこかへ行ってしまったのでした。

ネリがそこらを泣いて歩いていますと、その牧場の主人がかわいそうに思って家へ入れて、赤ん坊のお守《もり》をさせたりしていましたが、だんだんネリはなんでも働けるようになったので、とうとう三四年前にその小さな牧場のいちばん上の息子《むすこ》と結婚したというのでした。そしてことしは肥料も降ったので、いつもなら厩肥《まやごえ》を遠くの畑まで運び出さなければならず、たいへん難儀したのを、近くのかぶら畑へみんな入れたし、遠くの玉蜀黍《とうもろこし》もよくできたので、家じゅうみんなよろこんでいるというようなことも言いました。またあの森の中へ主人の息子といっしょに何べんも行って見たけれども、家はすっかりこわれていたし、ブドリはどこへ行ったかわからないので、いつもがっかりして帰っていたら、きのう新聞で主人がブドリのけがをしたことを読んだので、やっとこっちへたずねて来たということも言いました。ブドリは、なおったらきっとその家へたずねて行ってお礼を言う約束をしてネリを帰しました。

九　カルボナード島

それからの五年は、ブドリにはほんとうに楽しいものでした。赤ひげの主人の家にも何べんもお礼に行きました。

もうよほど年はとっていましたが、やはり非常な元気で、こんどは毛の長いうさぎを千匹以上飼ったり、赤い甘藍《かんらん》ばかり畑に作ったり、相変わらずの山師はやっていましたが、暮らしはずうっといいようでした。

ネリには、かわいらしい男の子が生まれました。冬に仕事がひまになると、ネリはその子にすっかりこどもの百姓のようなかたちをさせて、主人といっしょに、ブドリの家にたずねて来て、泊まって行ったりするのでした。

ある日、ブドリのところへ、昔てぐす飼いの男にブドリといっしょに使われていた人がたずねて来て、ブドリたちのおとうさんのお墓が森のいちばんはずれの大きな榧《かや》の木の下にあるということを教えて行きました。それは、はじめ、てぐす飼いの男が森に来て、森じゅうの木を見てあるいたとき、ブドリのおとうさんたちの冷たくなったからだを見つけて、ブドリに知らせないように、そっと土に埋めて、上へ一本の樺《かば》の枝をたてておいたというのでした。ブドリは、すぐネリたちをつれてそこへ行って、白い石灰岩の墓をたてて、それからもその辺を通るたびにいつも寄ってくるのでした。

そしてちょうどブドリが二十七の年でした。どうもあの恐ろしい寒い気候がまた来るような模様でした。測候所では、太陽の調子や北のほうの海の氷の様子から、その年の二月にみんなへそれを予報しました。それが一足ずつだんだんほんとうになって、こぶしの花が咲かなかったり、五月に十日もみぞれが降ったりしますと、みんなはもうこの前の凶作を思い出して、生きたそらもありませんでした。クーボー大博士も、たびたび気象や農業の技師たちと相談したり、意見を新聞へ出したりしましたが、やっぱりこの激しい寒さだけはどうともできないようすでした。

ところが六月もはじめになって、まだ黄いろなオリザの苗や、芽を出さない木を見ますと、ブドリはもういても立ってもいられませんでした。このままで過ぎるなら、森にも野原にも、ちょうどあの年のブドリの家族のようになる人がたくさんできるのです。ブドリはまるで物も食べずに幾晩も幾晩も考えました。ある晩ブドリは、クーボー大博士のうちをたずねました。

「先生、気層のなかに炭酸ガスがふえて来れば暖かくなるのですか。」

「それはなるだろう。地球ができてからいままでの気温は、たいてい空気中の炭酸ガスの量できまっていたと言われるくらいだからね。」

「カルボナード火山島が、いま爆発したら、この気候を変えるくらいの炭酸ガスを噴《ふ》くでしょうか。」

「それは僕も計算した。あれがいま爆発すれば、ガスはすぐ大循環の上層の風にまじって地球ぜんたいを包むだろう。そして下層の空気や地表からの熱の放散を防ぎ、地球全体を平均で五度ぐらい暖かくするだろうと思う。」

「先生、あれを今すぐ噴かせられないでしょうか。」

「それはできるだろう。けれども、その仕事に行ったもののうち、最後の一人はどうしても逃げられないのでね。」

「先生、私にそれをやらしてください。どうか先生からペンネン先生へお許しの出るようおことばをください。」

「それはいけない。きみはまだ若いし、いまのきみの仕事にかわれるものはそうはない。」

「私のようなものは、これからたくさんできます。私よりもっともっとなんでもできる人が、私よりもっと立派にもっと美しく、仕事をしたり笑ったりして行くのですから。」

「その相談は僕はいかん。ペンネン技師に話したまえ。」

ブドリは帰って来て、ペンネン技師に相談しました。技師はうなずきました。

「それはいい。けれども僕がやろう。僕はことしもう六十三なのだ。ここで死ぬなら全く本望というものだ。」

「先生、けれどもこの仕事はまだあんまり不確かです。一ぺんうまく爆発してもまもなくガスが雨にとられてしまうかもしれませんし、また何もかも思ったとおりいかないかもしれません。先生が今度おいでになってしまっては、あとなんともくふうがつかなくなると存じます。」

老技師はだまって首をたれてしまいました。

それから三日の後、火山局の船が、カルボナード島へ急いで行きました。そこへいくつものやぐらは建ち、電線は連結されました。

すっかりしたくができると、ブドリはみんなを船で帰してしまって、じぶんは一人島に残りました。

そしてその次の日、イーハトーヴの人たちは、青ぞらが緑いろに濁り、日や月が銅《あかがね》いろになったのを見ました。

けれどもそれから三四日たちますと、気候はぐんぐん暖かくなってきて、その秋はほぼ普通の作柄になりました。そしてちょうど、このお話のはじまりのようになるはずの、たくさんのブドリのおとうさんやおかあさんは、たくさんのブドリやネリといっしょに、その冬を暖かいたべものと、明るい薪《たきぎ》で楽しく暮らすことができたのでした。

［青空文庫＝底本『童話集　風の又三郎』岩波文庫、一九五一年刊＝より］

農民芸術概論綱要

宮澤賢治

序論

……われらはいっしょにこれから何を論ずるか……

おれたちはみな農民である　ずゐぶん忙がしく仕事もつらい
もっと明るく生き生きと生活をする道を見付けたい
われらの古い師父たちの中にはさういふ人も応々あった
近代科学の実証と求道者たちの実験とわれらの直観の一致に於て論じたい
世界がぜんたい幸福にならないうちは個人の幸福はあり得ない
自我の意識は個人から集団社会宇宙と次第に進化する
この方向は古い聖者の踏みまた教へた道ではないか

新たな時代は世界が一の意識になり生物となる方向にある
正しく強く生きるとは銀河系を自らの中に意識してこれに応じて行くことである
われらは世界のまことの幸福を索ねよう　求道すでに道である

農民芸術の興隆

……何故われらの芸術がいま起らねばならないか……

曾つてわれらの師父たちは乏しいながら可成楽しく生きてゐた
そこには芸術も宗教もあった
いまわれらにはただ労働が　生存があるばかりである
宗教は疲れて近代科学に置換され然も科学は冷く暗い
芸術はいまわれらを離れ然もわびしく堕落した
いま宗教家芸術家とは真善若くは美を独占し販るものである
われらに購ふべき力もなく　又さるものを必要とせぬ
いまやわれらは新たに正しき道を行き　われらの美をば創らねばならぬ
芸術をもてあの灰色の労働を燃せ

ここにはわれら不断の潔く楽しい創造がある
都人よ　来ってわれらに交れ　世界よ　他意なきわれらを容れよ

農民芸術の本質

……何がわれらの芸術の心臓をなすものであるか……

もとより農民芸術も美を本質とするであらう
われらは新たな美を創る　美学は絶えず移動する
「美」の語さへ滅するまでに　それは果なく拡がるであらう
岐路と邪路とをわれらは警めねばならぬ
農民芸術とは宇宙感情の　地　人　個性と通ずる具体的なる表現である
そは直観と情緒との内経験を素材としたる無意識或は有意の創造である
そは常に実生活を肯定しこれを一層深化し高くせんとする
そは人生と自然とを不断の芸術写真とし尽くることなき詩歌とし
巨大な演劇舞踊として観照享受することを教へる
そは人々の精神を交通せしめ　その感情を社会化し遂に一切を究竟地にまで導かんとする

かくてわれらの芸術は新興文化の基礎である

農民芸術の分野

……どんな工合にそれが分類され得るか……

声に曲調節奏あれば声楽をなし　音が然れば器楽をなす
語まことの表現あれば散文をなし　節奏あれば詩歌となる
行動まことの表情あれば演劇をなし　節奏あれば舞踊となる
光象写機に表現すれば静と動との　芸術写真をつくる
光象手描を成ずれば絵画を作り　塑材によれば彫刻となる
複合により劇と歌劇と　有声活動写真をつくる
準志は多く香味と触を伴へり
声語準志に基けば　演説　論文　教説をなす
光象生活準志によりて　建築及衣服をなす
光象各異の準志によりて　諸多の工芸美術をつくる
光象生産準志に合し　園芸営林土地設計を産む

香味光触生活準志に表現あれば　料理と生産とを生ず
行動準志と結合すれば　労働競技体操となる

農民芸術の（諸）主義

……それらのなかにどんな主張が可能であるか……

芸術のための芸術は少年期に現はれ青年期後に潜在する
人生のための芸術は青年期にあり　成年以後に潜在する
芸術としての人生は老年期中に完成する
その遷移にはその深さと個性が関係する
リアリズムとロマンティシズムは個性に関して併存する
形式主義は正態により標題主義は続感度による
四次感覚は静芸術に流動を容る
神秘主義は絶えず新たに起るであらう
表現法のいかなる主張も個性の限り可能である

農民芸術の製作

……いかに着手しいかに進んで行ったらいいか……

世界に対する大なる希願をまづ起せ
強く正しく生活せよ　苦難を避けず直進せよ
感受の後に模倣理想化冷く鋭き解析と熱あり力ある綜合と
諸作無意識中に潜入するほど美的の深と創造力はかはる
機により興会し胚胎すれば製作心象中にあり
練意了って表現し　定案成れば完成せらる
無意識即から溢れるものでなければ多く無力か詐偽である
髪を長くしコーヒーを呑み空虚に待てる顔つきを見よ
なべての悩みをたきぎと燃やし　なべての心を心とせよ
風とゆききし　雲からエネルギーをとれ

農民芸術の産者

……われらのなかで芸術家とはどういふことを意味するか……

職業芸術家は一度亡びねばならぬ
誰人もみな芸術家たる感受をなせ
個性の優れる方面に於て各々止むなき表現をなせ
然もめいめいそのときどきの芸術家である
創作自ら湧き起り止むなきときは行為は自づと集中される
そのとき恐らく人々はその生活を保証するだらう
創作止めば彼はふたたび土に起つ
ここには多くの解放された天才がある
個性の異る幾億の天才も併び立つべく斯て地面も天となる

農民芸術の批評

……正しい評価や鑑賞はまづいかにしてなされるか……

批評は当然社会意識以上に於てなさねばならぬ

誤まれる批評は自らの内芸術で他の外芸術を律するに因る
産者は不断に内的批評を有たねばならぬ
批評の立場に破壊的創造的及観照的の三がある
破壊的批評は産者を奮ひ起たしめる
創造的批評は産者を暗示し指導する
創造的批評家には産者に均しい資格が要る
観照的批評は完成された芸術に対して行はれる
批評に対する産者は同じく社会意識以上を以て応へねばならぬ
斯ても生ずる争論ならばそは新なる建設に至る

農民芸術の綜合

……おお朋だちよ　いっしょに正しい力を併せ　われらのすべての田園とわれらのすべての生
活を一つの巨きな第四次元の芸術に創りあげようでないか……

まづもろともにかがやく宇宙の微塵となりて無方の空にちらばらう
しかもわれらは各々感じ　各別各異に生きてゐる

ここは銀河の空間の太陽日本　陸中国の野原である
青い松並　萱の花　古いみちのくの断片を保て
『つめくさ灯ともす宵のひろば　たがひのラルゴをうたひかはし
雲をもどよもし夜風にわすれて　とりいれまぢかに歳よ熟れぬ』
詞は詩であり　動作は舞踊　音は天楽　四方はかがやく風景画
われらに理解ある観衆があり　われらにひとりの恋人がある
巨きな人生劇場は時間の軸を移動して不滅の四次の芸術をなす
おお朋だちよ　君は行くべく　やがてはすべて行くであらう

結論

……われらに要るものは銀河を包む透明な意志　巨きな力と熱である……

われらの前途は輝きながら嶮峻である
嶮峻のその度ごとに四次芸術は巨大と深さとを加へる
詩人は苦痛をも享楽する
永久の未完成これ完成である

理解を了へばわれらは斯る論をも棄つる
畢竟ここには宮沢賢治一九二六年のその考があるのみである

〔青空文庫＝底本『【新】校本宮澤賢治全集　第十三巻（上）覚書・手帳　本文篇』筑摩書房、一九九七年刊＝より〕

生徒諸君に寄せる

宮澤賢治

この四ケ年が
　わたくしにどんなに楽しかつたか
わたくしは毎日を
　鳥のやうに教室でうたつてくらした
誓つて云ふが
　わたくしはこの仕事で
　疲れをおぼえたことはない

（彼等はみんなわれらを去つた。

彼等にはよい遺伝と育ち
あらゆる設備と休養と
茲《ここ》には汗と吹雪のひまの
歪んだ時間と粗野な手引があるだけだ
彼等は百の速力をもち
われらは十の力を有《も》たぬ
何がわれらをこの暗みから救ふのか
あらゆる労《つか》れと悩みを燃やせ
すべてのねがひの形を変へよ）

新らしい風のやうに爽やかな星雲のやうに
透明に愉快な明日は来る
諸君よ紺いろした北上山地のある稜は
速かにその形を変じよう
野原の草は俄《には》かに丈を倍加しよう

あらたな樹木や花の群落が

、
、
、
、
、

諸君よ　紺いろの地平線が膨らみ高まるときに
諸君はその中に没することを欲するか
じつに諸君はその地平線に於《お》け《け》る
あらゆる形の山岳でなければならぬ

サキノハカ〔以下空白〕

〔約九字分空白〕来る
それは一つの送られた光線であり
決せられた南の風である、
諸君はこの時代に強ひられ率ゐられて
奴隷のやうに忍従することを欲するか
むしろ諸君よ　更にあらたな正しい時代をつくれ
宙宇は絶えずわれらに依って変化する
潮汐や風、
あらゆる自然の力を用ゐ尽すことから一足進んで
諸君は新たな自然を形成するのに努めねばならぬ

新らしい時代のコペルニクスよ
余りに重苦しい重力の法則から
この銀河系統を解き放て

新らしい時代のダーウヰンよ
更に東洋風静観のキャレンヂャーに載って
銀河系空間の外にも至って
更にも透明に深く正しい地史と
増訂された生物学をわれらに示せ

衝動のやうにさへ行はれる
すべての農業労働を
冷く透明な解析によって
その藍いろの影といっしょに
舞踊の範囲に高めよ

素質ある諸君はたゞにこれらを刻み出すべきである
おほよそ統計に従はば
諸君のなかには少くとも百人の天才がなければならぬ

新たな詩人よ
嵐から雲から光から
新たな透明なエネルギーを得て
人と地球にとるべき形を暗示せよ

新たな時代のマルクスよ
これらの盲目な衝動から動く世界を
素晴しく美しい構成に変へよ

諸君はこの颯爽たる
諸君の未来圏から吹いて来る
透明な清潔な風を感じないのか

今日の歴史や地史の資料からのみ論ずるならば
われらの祖先乃至《ないし》はわれらに至るまで
すべての信仰や徳性はたゞ誤解から生じたとさへ見え
しかも科学はいまだに暗く
われらに自殺と自棄のみをしか保証せぬ、

誰が誰よりどうだとか
誰の仕事がどうしたとか
そんなことを云ってゐるひまがあるのか
さあわれわれは一つになって〔以下空白〕

〔『新編　宮沢賢治詩集』新潮文庫、一九九一年刊より〕

発電所

宮澤賢治

鈍った雪をあちこち載せる
鉄やギャブロの峯の脚
二十日の月の錫《すず》のあかりを
わづかに赤い落水管と
ガラスづくりの発電室と
……また余水吐《よすいと》の青じろい滝……
くろい蝸牛水車《スネールタービン》で
早くも春の雷気を鳴らし
鞘翅発電機《ダイナモコレオプテラ》をもって
愴たる夜中のねむけをふるはせ
むら気な十の電圧計や

もっと多情な電流計で
鉛直フズリナ配電盤に
交通地図の模型をつくり
大トランスの六つから
三万ボルトのけいれんを
塔の初号に連結すれば
幾列の清冽な電燈は
青じろい風や川をわたり
まっ黒な工場の夜の屋根から
赤い傘、火花の雲を噴きあげる

〔『新編　宮沢賢治詩集』新潮文庫、一九九一年刊より〕

『縁女綺聞』より

佐々木喜善

「遠野物語」にも其の大筋は載つてゐるが、極く私の近い親類の人で、浜辺に行つて居る人があつた。明治二十九年かの旧暦五年節句の晩の三陸海岸の大海嘯の時、妻子を失つて、残つた子女を相手に淋しい暮しをして居た。五月に大津浪があつて其の七月の新盆の夜のこと、何しろ思ひ出のまだ生新しい墓場（然しこの女房の屍は遂に見付からなかつたので、仮葬式をしたのであつた）からの帰りに、渚際を一人とぼとぼと歩いて来ると、向ふから人が此方へ歩いて来る蔭が朧月の薄光りで見える。併かも其れはだんだんと男女の二人連れであると云ふことが分つた。それが向ふからも来る、こつちも行く……で遂にお互に体も摺れ々々に交つた時、見るとそれは津浪で死んだ筈の自分の女房と、兼ねてから女房と噂のあつた浜の男であつた。其の人の驚いたことは申すまでもなく、併し唖然として二三歩行き過ぎたが、気を取り直して、振り返り、おいお前はたきの（女房の名前）ぢやないかと声をかけると、女房は一寸立ち止まつて後《あと》を振り向き、じつと夫の顔を見詰めたが、其のまゝ何も云はずに俯向いた。其人はとみに悲しくなつて、何たら事だ。俺も子供等もお前が津浪で死んだものとばかり思つて、斯うして盆のお祭をして居るのだのに、そして今は其の男と一緒に居るのかと問ふと、女房はまた微すかに俯首いて見せたと思ふと、二三間前に歩いて居る男の方へ小走りに歩いて追ひつき、さうしてまた肩を並べて、向ふへとぼとぼと歩いて行つた。其人も余りのことに、それらを呼び止めることさへ出来ず、ただ茫然と自失して二人の姿を見送つて居るうちに、二人はだんだんと遠ざかり、遂には渚を廻つて小山の蔭の夜靄の中に見えなくなつてしまつた。それを見てから家に還つて病みついたが、なかなかの大患であつた。

〔『佐々木喜善全集(I)』遠野市立博物館、一九八六年刊より〕

あとがき

山折哲雄

原発の問題は今、できるだけ安全・安心をという方向で議論され、政策もそこを中心に取りざたされています。

浜岡原発の停止もそうでした。地震学の積み重ねをもとに危険な地域とみなされ、そこからリスクを少なくして安心な状況に持っていこうというわけです。

もちろん安心や安全というのは、豊かさや利便性だけでなく、これはこれで人間の重要な欲望であります。安心して生活を送りたい、安全な社会にしていきたい。けれども過去の歴史が示すように、現実はそうはいかない。今度の「東北」の大災害が発生しない段階では、われわれ日本人の多くはより安全で安心な社会に近づくことができると思い続けていました。でも、もうそうはいかないという不安に陥っています。

ところが世論は、あいかわらず欲望は当然という前提で、原発賛成か反対かを議論しています。どちらにせよ、本当のことをいえば人間の欲望とはなにか、ということから出発しなければならないのではないでしょうか。突き詰めていくと、人間の欲望とは自然との折り合いをどのようにつけるのか、ということだと思うのです。無限の欲望というものは決して実現されるものではない。いつか必ず自然によって復讐を受ける。今回、それをしたたかに体験することになったわけです。

人間社会は自然の一部であるという観点に立つのか、それとも人間は自然を克服し、利用することを通して絶えず進化できると考えるのか。そのような考えを深めていくには、三千年、いや五千年というタイムスパンで人類が歩んできた文明において、どういう人間の生き方の指針が作り出されてきたのかに思いをはせなければ答えは出ません。

当面の課題の前では、あまりに迂遠すぎるという批判はあるでしょう。今はなによりも「東北」にヒト、モノ、カネを投入しなければならない時期だと思います。けれども、それすらできていないありさまではありませんか。その上、たとえそれができたとしても根本的なる解決にはならないことを、みんな感じはじめているはずです。

原発の事故で米国メディアが真っ先に日本にたいするメッセージとして出してきたのが「フクシマ・フィフティーズ・ヒーロー」でした。なぜヒーローと言ったかというと、命を犠牲にしてでも事故を食い止めてほしいという意味が込められていたからです。日本人が生き残るためだけではない、原発に頼っている世界の国家や人々が生き残るためにそれが必要な犠牲であると受け止めていたからに違いありません。

源は、犠牲を前提にした生き残りを図る西洋文明の思想にあります。われわれが生きる社会はさまざまなリスクに満ちている。突然発生する災害はもちろん、大恐慌に革命と、社会的にも絶えず不安定な状況におかれている。いつの時代でも、それぞれの国家や文化圏はそのような犠牲に際してどのように生き残っていくか、しのぎを削ってきました。それはいつも、生き残りたいという人間の欲望と結びついていました。

象徴的な物語が、旧約聖書の最初に出てくる「ノアの方舟」です。傲慢な生き方をしている地球上の人間を懲らしめるため、神が大洪水を発生させた。その時、ノアだけが神との契約のもとに救命ボートを造ることが許される。生き残り戦略とは必ず犠牲を伴うという思想が、ここに如実に表現されています。

このノアの方舟物語では、ほとんどの人間が犠牲になります。しかしこの物語を源流として、のちに生み出されることになる選民思想や進化論は、出来るだけ多くの人間を生き残らせようという欲望にもとづく思想として発展することになります。それだけではありません。その後西欧文化圏において生み出される政治体制や経済システムは、ほとんどこのような生き残り戦略にもとづいて形作られてきました。

たとえば「持続可能な開発」というのも、開発すべき地域とそうではない地域を区別することから出発します。脳死臓器移植では死にゆく人間と生き残る人間が選別されます。このように生き残り戦略を突き詰め、そのための犠牲を覚悟しているのが西洋文明です。「フクシマ・フィフティーズ」は、まさにそのような生き残り思想から必然的に生み出される犠牲、というメッセージを含んでいたのです。

一方、日本のメディアはご承知のように「ヒーロー」という言葉をあまり使わなかった。むしろその言葉の使用を避けよう、避けようとしていました。「犠牲になってでも事故を食い止める」という考え方に違和感を持ったためかもしれません。その言葉に西洋文明における負のイメージを感じとっていたのかもしれません。正直に言えば、私も「ヒーロー」という言い方には違和感を持ちました。

しかし、われわれ自身の足元をみると、現実にわれわれがやってきたことも同じだったことに気がつきます。日本がアジアで最初に進化を遂げることができたのも、まさに犠牲を払い、犠牲を強いることを通して成功することができたからであります。そういうこれまでの歴史を経験してきているにも関わらず、今回の「フクシマ・フィフティーズ・ヒーロー」という言い方にはどことなく違和感を感じている。

それは、もうひとつの考え方が日本人の中に存在しているからだ、と私は思っています。端的にいえば、仏教的な表現や思想の中にうかがうことができる考え方であります。先の生き残り戦略を示す象徴的な物語が「ノアの方舟」であるとすれば、それに対置できる、もうひとつの大きな物語が法華経の譬喩品に出てくる「三車火宅」の物語であると言うことができるでしょう。

ある大邸宅で、長者の子どもたちが遊び戯れている。けれども、すでに家のあちこちからは火の手が上がっており、長者がいくら「外に出なさい」と警告しても、子どもたちはそのことに気がつかず、遊びつづけている。そこで長者は一計を案じ、家の入口に玩具の三つの車——羊、鹿、牛の形をした——を置いて、「見てご覧」とおびき出す。子どもたちが先を争って外に出たところを、本物の大きな牛車に全員を乗せて救い出す……。

三つの車に気づかなければ、子どもたちは全員焼け死んでしまっていた。けれども救われるときは全員一緒、——それがこの三車火宅の思想なのです。これは見られる通り、誰かをヒーロー、すなわち犠牲にするやり方ではありません。そのかわり、われわれの生きている現実の世界は絶えず燃えている常ならぬ存在、すなわち「火宅無常」なのだという認識であります。

ここで、ひとつの思想実験として極端なケースを挙げてみましょう。アメリカからやってきたハーバード大学教授、サンデルさんの「白熱教室」の日本版ということができるかもしれません。

それは、現在進行中の福島原発で放射能汚染を食い止めるため作業員たちが命を奪われるような危機的状況に立ちいたったとき、どうするかという問題です。作業員にどこまでもがんばってもらい続けるのが、言ってみれば西洋文明の「生き残り戦略」でしょう。

ところがこれに対し、先の三車火宅の「無常戦略」によれば、作業員の全員をただちに撤退させる、という選択が出てくるはずです。それが「無常」の論理であります。けれどもその結果、放射能が日本全国、いや世界に広がっていくかもしれない、けれどもそのリスクは、全員で引き受けるという選択です。地球規模の人類の悲劇を全体で、平等に引き受ける。そういう過激な平等主義もあり得るわけです。このような選択も、人間として荷うべきもうひとつの倫理だと思います。さきの「ノアの方舟」物語ももちろん人間の荷うべき重大な倫理を説いていますが、ノアは神に善き行いをすると誓って、はじめて救命ボートに乗ることができたのでした。

このように、現実の場面において倫理が相反する方向をむいているということがあるわけです。それによって人間の生き方もおのずから違ってくる。ところが戦後の日本人の多くは、このような両極端に分かれるといってもいいような世界観や人間観のあいだにあって、それを曖昧な形で重ね合わせ、そのまま受け入れ肉体化してしまったようなところがあったと思うのです。

しかし今度の大災害と原発事故を前にして、あらためてわれわれはそのどちらを選ぶのか議論を深めていかなければならないところにきているのではないでしょうか。

「皆が放射能被害を受けるのは嫌だけれど、フクシマの50人が犠牲になるのも見たくない」と言うのは、やはり日本人の非常にずるい生き方であると思わないわけにはいきません。歴史を振り返れば、そうなるのはいたし方がなかったようにも思います。と言うのも、われわれの豊かな社会生活は、西洋文明の生き残り戦略のおかげで実現可能になったからです。と同時に、われわれの心のＤＮＡには、大部分の日本人には意識されていないのかもしれませんが、人が、依然として「火宅無常」の考え方が流れているからであります。いわばその二つの文化意識の流れが二重構造化していたということになるのですが、しかしそのために反って腰が定まらない。責任ある態度がなかなか取れない。

わかりやすく言えば、日本人はその両方のいいとこ取りをしてきたということになるのではないでしょうか。しかしここが大切なところですが、単なるいいとこ取りの生き方を続けているかぎり、結局は誰からも信頼されることがなくなるはずです。引いては国際社会でも孤立することになるに違いありません。

だから、ここでふんばって考え直してみる必要があるのだと思います。つまりさきに紹介しましたふたつの大きな物語をこれからの世紀にどのように活かしていくか、という問題であります。歴史的にいってもそのふたつの物語から大きな影響を受けているわれわれに、そのふたつの物語に語られている生き方のあいだに橋をかけ、そのことを通して第三の道を見出していく、そういう可能性を追究していくということであります。

私は日本の資本主義と科学技術は依然として世界に冠たるものがあると思っています。世界のためにそれをどう役立てるかという使命がわれわれにはあるわけで、そのために一概に原発反対とはなかなか言えない。

しかしながら、文明には限界があります。地球上の資源もけっして無尽蔵ではありません。やはり人間の欲望というものを本気になってコントロールする方途を見出さなければ、われわれのさきには共倒れの運命が待っているだけだということが見えてきました。だから、無条件に原発推進とも言えないわけです。そこで安心・安全の原子力という掛け声にもなるわけですが、しかしそれがどこまで実現可能なのか。もしもこのまま原発反対・推進で対立し、国論を二分するような状況にでもなれば社会的な内乱に発展していかないともかぎりません。なんとか妥協点を探らなければならないことになるでしょう。それはなによりもまず政治の役割でありますが、じつはそのことを考える場合、どうしても人間の欲望を文明との関連のなかでどのように考えるかということが、ますます欠かすことのできない課題になってくるはずです。

唐突のようにきこえるかもしれませんが、私はこのところ、欲望の充足にたいして欲望の贈与、ということを考えるようになりました。そしてまた欲望の譲渡、ということについて想像をめぐらすようになりました。文明のはたらきによって手にしたさまざまな欲望とその果実を、こんどは一時的に棚上げして、他者に贈与するという発想であります。欲望をいたずらに抑圧するのではない。禁欲という鑑の中に追い込むのでもない。あくまでも一時的に棚上げして第三者の手に渡す、そのための基準と方途を国際的な土俵の中で探っていくという道であります。こうして次に、その第三者に贈与された欲望の集積を、次の世代に譲渡していくという発想であります。

欲望のコントロールということの究極のあり方が、この贈与と譲渡という発想の中で発酵し、やがて芽ぶき、花を咲かせていくであろうことを、いま夢想しているのであります。その先に、果たして文明の第三の道が見えてくるのかどうか、それが希望ではありますが、しかしこれだけはやってみなければわからないことかもしれません。とにかく

欲望の贈与、欲望の譲渡——そこから新しい世紀の幕が開く

そう申しあげて、この対談集の「あとがき」を締めくくっておこうと思うのであります。

［第二部　過去からの伝言　著者紹介］

寺田寅彦【てらだ・とらひこ】

一八七八～一九三五。物理学者・随筆家。東京都生まれ。ドイツ留学中に地球物理学を専攻。結晶によるX線解析の実験で世界的に知られる。東京帝国大学教授となり、地震研究所所員として研究を進める一方、金平糖の生成など統計力学的な研究も手掛けた。『寺田寅彦全集』全三〇巻がある。

岡本太郎【おかもと・たろう】

一九一一～一九九六。芸術家。神奈川県生まれ。一九二九年から一一年間パリに暮らし、芸術運動に参加するかたわら哲学・社会学・民族学を学ぶ。戦後、縄文や沖縄への関心を強めて『沖縄文化論─忘れられた日本』を著す。著作集として『岡本太郎の本』全五巻が刊行されている。

岡潔【おか・きよし】

一九〇一～一九七八。数学者。大阪府生まれ。京都帝国大学卒業と同時に講師に就任。フランス留学、孤高の研究生活を経て、北海道大学、奈良女子大学で教鞭をとる。多変数解析函数論の分野で世界中の数学者が挫折した「三つの大問題」をすべて解決した。小林秀雄との共著に『人間の建設』がある。

和辻哲郎【わつじ・てつろう】

一八八九～一九六〇。倫理学者。兵庫県生まれ。京都帝国大学教授を経て東京帝国大学教授。その倫理学の体系は和辻倫理学と呼ばれる。日本倫理学会結成とともに初代会長を務めたほか、多くの文化活動に取り組んだ。代表的著作に『古寺巡礼』『風土　人間的考察』など。

柳田國男【やなぎた・くにお】
一八七五〜一九六二。民俗学者。兵庫県生まれ。東京帝国大学で農政学を学び、農商務省に入省。農村視察や調査体験を通して民俗的関心を深める。一九一〇年刊行の『遠野物語』は日本民俗学の記念碑的作品として知られるが、近年は怪談文芸としての評価が高まっている。

鴨長明【かもの・ちょうめい】
一一五五〜一二一六。平安末期から鎌倉前期の歌人・随筆家。京都下鴨社の禰宜の次男として生まれる。和歌を俊恵に学び、歌人として活躍。神職としての出世の道を望むが果たせず、出家して隠遁生活を送る。出家後に随筆『方丈記』を執筆。他に『無名抄』『発心集』など。

宮澤賢治【みやざわ・けんじ】
一八九六〜一九三三。作家・詩人。岩手県生まれ。稗貫農学校（現・花巻農業高校）で教鞭をとりつつ詩や童話を創作する。のちに教職を辞して「羅須地人協会」を設立し、農業指導に取り組んだ。作品に『銀河鉄道の夜』『風の又三郎』『グスコーブドリの伝記』など多数。

佐々木喜善【ささき・きぜん】
一八八六〜一九三三。作家・民話収集家。岩手県生まれ。早稲田大学に学び、佐々木鏡石の筆名で小説を執筆。柳田國男の『遠野物語』は喜善の語った故郷・遠野の奇譚をまとめたもの。帰郷して官職につくが、晩年は宮城県仙台市で執筆活動に取り組む。著書に『東奥異聞』『聴耳草紙』など。

【編集部から】本書第一部の対談は単行本化を目的に行なわれたが、冒頭の一部のみは月刊『望星』二〇一一年七月号に掲載した。また、第二部の収録作品の選定抜粋などは編集部で行なった。

略　歴

山折哲雄【やまおり・てつお】
1931年、サンフランシスコ生まれ。宗教学者。国立歴史民俗博物館教授、国際日本文化研究センター所長などを歴任。和辻哲郎文化賞を受賞した『愛欲の精神史』（角川ソフィア文庫）をはじめ、『法然と親鸞』（中央公論新社）、『絆　いま、生きるあなたへ』（ポプラ社）など著書多数。

赤坂憲雄【あかさか・のりお】
1953年、東京都生まれ。福島県立博物館館長、遠野文化研究センター所長、学習院大学教授。民俗学をベースに東北の文化や歴史を掘り起こす「東北学」を提唱。2007年、『岡本太郎の見た日本』（岩波書店）によりドゥマゴ文学賞を受賞。他に『東北知の鉱脈』（荒蝦夷）など。

反欲望の時代へ　大震災の惨禍を越えて

2011年9月1日　第1刷発行

著者　山折哲雄、赤坂憲雄

編集　月刊『望星』編集部＋有限会社荒蝦夷

発行者　街道憲久

発行所　東海教育研究所
〒160-0023 東京都新宿区西新宿7-4-3 升本ビル
電話 03-3227-3700　FAX 03-3227-3701

発売所　東海大学出版会
〒257-0003 神奈川県秦野市南矢名3-10-35 東海大学同窓会館内
電話 0463-79-3921

印刷所　高橋印刷株式会社

月刊『望星』ホームページhttp://www.tokaiedu.co.jp/bosei/
Printed in Japan　ISBN978-4-486-03720-0　C0036
定価はカバーに表示してあります。

大東京 ぐるぐる自転車

銀輪ノ翁、東都徘徊ス

伊藤　礼 著　四六判・並製 296 頁　定価 1,680 円（税込）
ISBN　978-4-486-03719-4

銀輪の翁、伊藤礼ワールド炸裂の痛快・極上ユーモアエッセイ。風にも負けず、日照りにも負けず、今日も自転車は出撃する。世相、民情、歴史に目を光らせての大東京巡察紀行。

ホームレス歌人のいた冬

「ホームレス歌人・公田耕一」の消息を追う

三山　喬 著　四六判 272 頁　定価 1,890 円（税込）
ISBN　978-4-486-03718-7

リーマンショック後の大不況で年越しテント村が作られた２００８年末、「朝日新聞の歌壇」に、彗星のごとく現れ、約９カ月で消息を絶った「ホームレス歌人」がいた。その正体と、その後の消息を追う感動のノンフィクション。

カラスと髑髏

世界史の「闇」のとびらを開く

吉田　司 著　四六判　400 頁　定価 2,625 円（税込）
ISBN　978-4-486-03717-0

古代アジアの「３本足のカラス」。資本主義の父ともなった海賊たちの「髑髏旗」。世界の「今」を成り立たせている現象の〈初源の姿〉を求め続けた「知の冒険」の集大成！
歴史の現場の意外な姿が、いま明らかになる。

ぼくは都会のロビンソン

ある「ビンボー主義者」の生活術

久島　弘 著　四六判 240 頁　定価 1,575 円（税込）
ISBN　978-4-486-03714-9

お金がなくとも、知恵と工夫で楽しく生きる！ 安アパートの六畳間を「都市の孤島」になぞらえて、三十年間「手づくり暮らし」を続けた筆者の「生活術」と「哲学」を、イラスト入りで大公開。

第29回「雑学出版賞」受賞！